Islands Natur

Geografie • Geologie • Pflanzen • Vögel • Wale • Nordlicht

Ein Naturführer von Dietmar Schäffer

Der Autor Dietmar Schäffer studierte an der Friedrich-Alexander-Universität (FAU) Erlangen-Nürnberg Biologie mit Schwerpunkt Mikrobiologie.

Nach dem Studium war er mehrere Jahre bis Ende 1999 als wissenschaftlicher Mitarbeiter am Lehrstuhl für Mikrobiologie der FAU beschäftigt.

Schon während dieser Zeit war Dietmar Schäffer nebenberuflich als Studienreiseleiter zunächst auf Island und später auch auf Grönland und Spitzbergen unterwegs. Seit vielen Jahren ist er außerdem als Lektor und Mitglied des Expeditionsteams auf Expeditionskreuzfahrten tätig.

Anzeige

ISLAND

BEREIT FÜR DEN NORDEN MIT ISLAND PROTRAVEL

Lust auf mehr Nordeuropa? Entdecken Sie Island, die Insel aus Feuer und Eis! Die Island ProTravel-Kataloge sind wie Island selbst: Kontrastreich. Entdecken Sie Islands beeindruckende Natur begleitet von fachkundigen Reiseleitern oder individuell mit dem Mietfahrzeug. Seereisen rund um Island und Grönland, Städtetrips, Angel- und Reiterreisen sind ebenfalls möglich. Auf unseren Winterreisen führen wir Sie zu gefrorenen Wasserfällen und tanzenden Nordlichtern.

Lassen Sie sich ein auf eines der letzten Abenteuer Europas – Island erwartet Sie!

BESTELLEN SIE HIER DIE KATALOGE DES ISLAND-SPEZIALVERANSTALTERS

Island ProTravel

Telefon +49 40 286687-200
memo@islandprotravel.de
www.islandprotravel.de
facebook.com/IslandprotravelDeutschland

Unterwegs in Island 5

Geografie 11

Geologie 31

Klima und Meeresströmungen 63

Mitternachtssonne und Polarnacht 69

Nordlicht 73

Vegetation 81

Vögel 109

Wale 153

Wildtiere 169

Wirtschaft 175

www.vegag.is	www.vedur.is	www.safetravel.is

Unterwegs in Island

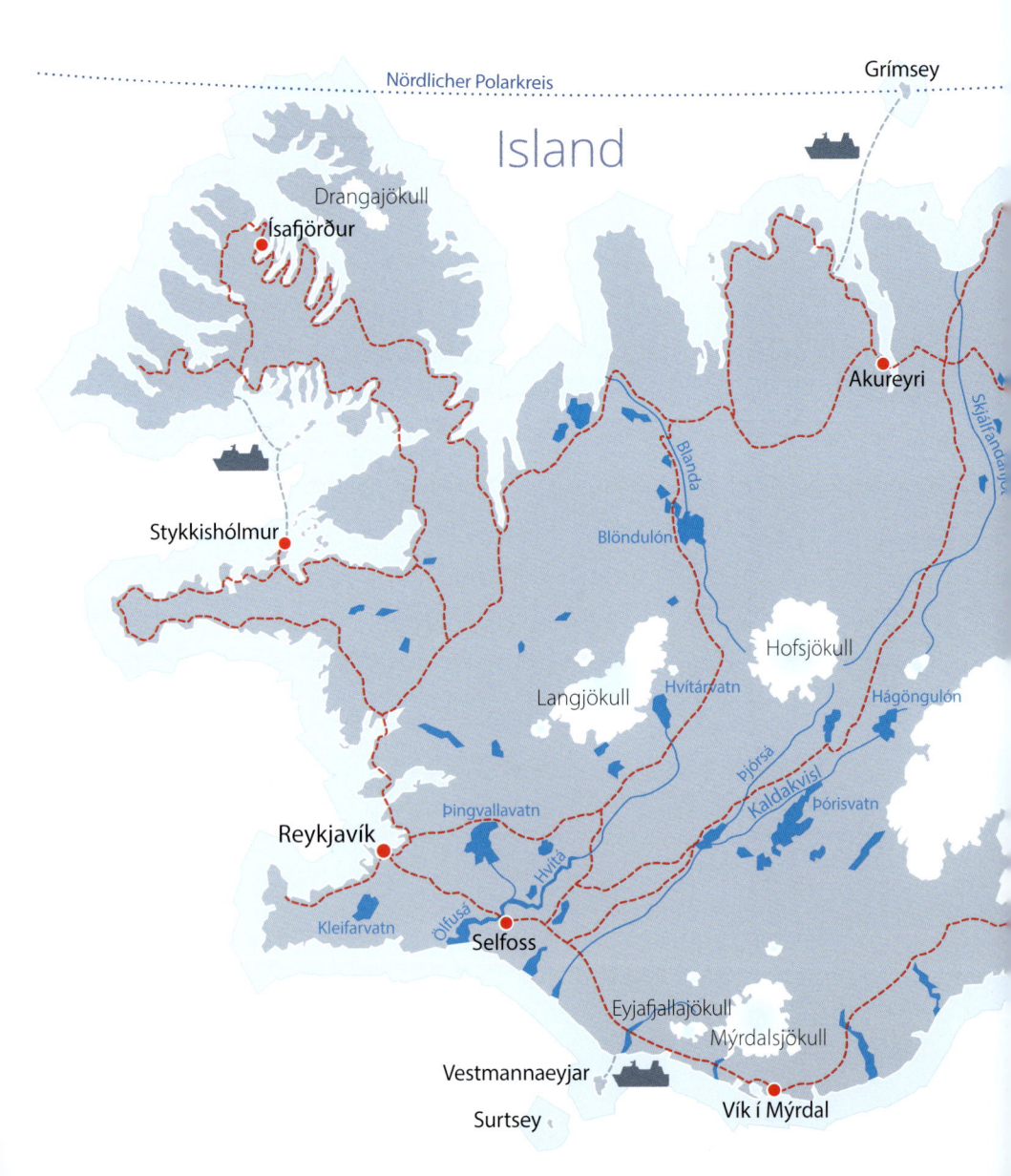

Unterwegs in Island

Unterwegs in Island

In Island ist man deutlich entspannter und mit mehr Rücksicht unterwegs, als in vielen anderen Ländern. Viele Straßen und insbesondere Brücken sind relativ schmal und obwohl der Tourismus in den letzten Jahren zugenommen hat, ist die Verkehrsdichte deutlich geringer als z.B. in Deutschland. Mit Verzögerungen während einer Reise ist aber immer zu rechnen. Die Wetterbedingungen können eine Weiterfahrt unmöglich machen und auch durch Überschwemmungen, Erdrutsche und Vulkanausbrüche sind Straßen manchmal nicht nutzbar.

Außerhalb der Ortschaften gilt eine Höchstgeschwindigkeit von 90 km/h, auf Schotterstraßen von 80 km/h. Innerhalb von Ortschaften gilt eine Höchstgeschwindigkeit von 50 km/h.

Folgende Hinweise sollte man generell während einer Reise beachten:

1. Halte nicht am Straßenrand oder auf der Straße für Fotos. Viele Unfälle ereignen sich, weil Touristen an einem unsicheren Ort anhalten, um die Aussicht zu genießen oder Fotos zu machen.
2. Schotterstraßen sind keine Rennstrecken! Die Reifen verlieren beim Übergang von asphaltierten Straßen auf Schotter an Grip, oft bilden sich am Übergang auch tiefe Schlaglöcher.
3. Straßensperrungen sollten tunlichst beachtet werden. „Lokað" bedeutet „gesperrt", und Straßen werden in Island nicht ohne Grund gesperrt.
4. Halte für den Gegenverkehr an einspurigen Brücken an. Das Tempolimit beträgt 50 km/h und das zuerst ankommende Auto hat Vorfahrt.

Island ist zwar ein raues Land, die Landschaft ist aber sehr empfindlich. Es gelten deshalb einige Spielregeln, die eigentlich selbstverständlich sind. Die Praxis zeigt aber leider, dass auch Island nicht vor der Unvernunft einiger Zeitgenossen verschont bleibt.

- Verlasse Camping- und Rastplätze so, wie Du sie selbst vorfinden möchtest.
- Vergrabe nie Abfall, nimm ihn wieder mit und entsorge ihn ordnungsgemäß.

Link zu YouTube: Furten in Landmannalaugar:

- Kein offenes Feuer auf bewachsenen Flächen – auch in Island besteht Brandgefahr.
- Lasse Steine liegen – der Boden unter entfernten Steinen ist für Erosion besonders anfällig.
- Halte das Wasser sauber und schütze Quellen.
- Schütze die Vegetation und reiße keine Pflanzen ab – Pflanzen wachsen in Island sehr langsam.
- Störe Wildtiere nicht.
- Zerstöre keine geologischen Formationen.
- Fahre nie abseits der Straßen. Es dauert Jahrzehnte, bis Reifenspuren wieder verschwinden – sowohl auf Schotterflächen, als auch auf bewachsenen Flächen. Wer offroad erwischt wird, muss mit Strafen von mehreren tausend Euro rechnen.
- Verlasse auch zu Fuß nie die markierten Wege – Trittschäden entstehen gerade bei feuchtem Boden sehr schnell und führen zu Erosion.
- Beachte Hinweisschilder und die Anweisungen der Ranger.

Wer sich während der Reise ausführlich über Land und Leute informieren möchte, kann die GPS gestützten Audio Guides von www.iceland.de als App auf das Smartphone laden.

Link zu den Audio Guides:

Bootstouren Gletschertouren River Rafting

Geografie

Geografie

Lage und Größe Islands

Island ist die größte Vulkaninsel der Erde und liegt im Nordatlantik westlich von Norwegen und östlich von Grönland. Mit einer Fläche von 103.000 km² ist Island etwa so groß wie Bayern und Baden Württemberg zusammen. Fast 11% der Fläche Islands sind von Gletschern bedeckt und dank der vielen Fjorde hat die Insel eine Küstenlänge von 4.970 km.

Vom nördlichsten Punkt Rifstangi bei 66°32′ N bis zum südlichsten Punkt Kötlutangi bei 63°23′ N hat Island eine Nord-Süd-Ausdehnung von rund 350 km. Vom westlichsten Punkt Kap Bjargtangar bei 24°32′ W bis zum östlichsten Punkt Gerpir bei 13°29′ W beträgt die Ost-West-Ausdehnung rund 500 km.

Island selbst liegt komplett südlich des Polarkreises. Einige Inseln, die zu Island gehören, liegen aber zumindest teilweise nördlich des Polarkreises, so z.B. die Insel Grímsey auf 66°33′. Nördlichster Punkt des Staatsgebietes ist der kleine Felsen Kolbeinsey auf 67°08′ N, südlichster Punkt die 1963 entstandene Vulkaninsel Surtsey auf 63°17′ N.

Vom westlichsten Punkt Islands bis nach Grönland sind es rund 350 km und vom östlichsten Punkt bis nach Norwegen beträgt die Entfernung etwa 975 km. Bis nach Schottland sind es etwa 840 km und die Färöer liegen 430 km entfernt.

Praktisch alle Gebirge Islands sind vulkanischen Ursprungs. Neben dem Vulkanismus haben vor allem die Eiszeiten die Landschaften geprägt. Höchster Berg des Landes ist mit einer Höhe von 2.110 m der Hvannadalshnúkur im Südosten des Landes.

Bedingt durch die hohen Niederschlagsmengen in vielen Landesteilen ist Island ein wasserreiches Land mit vielen Flüssen, deren Kraft auch zur Stromerzeugung genutzt wird. Längster Fluss des Landes ist mit 230 km die Þjórsá. Sie hat ein Einzugsgebiet von 7.500 km² und führt im Sommer eine durchschnittliche Wassermenge von 350 bis 700 m³ pro Sekunde.

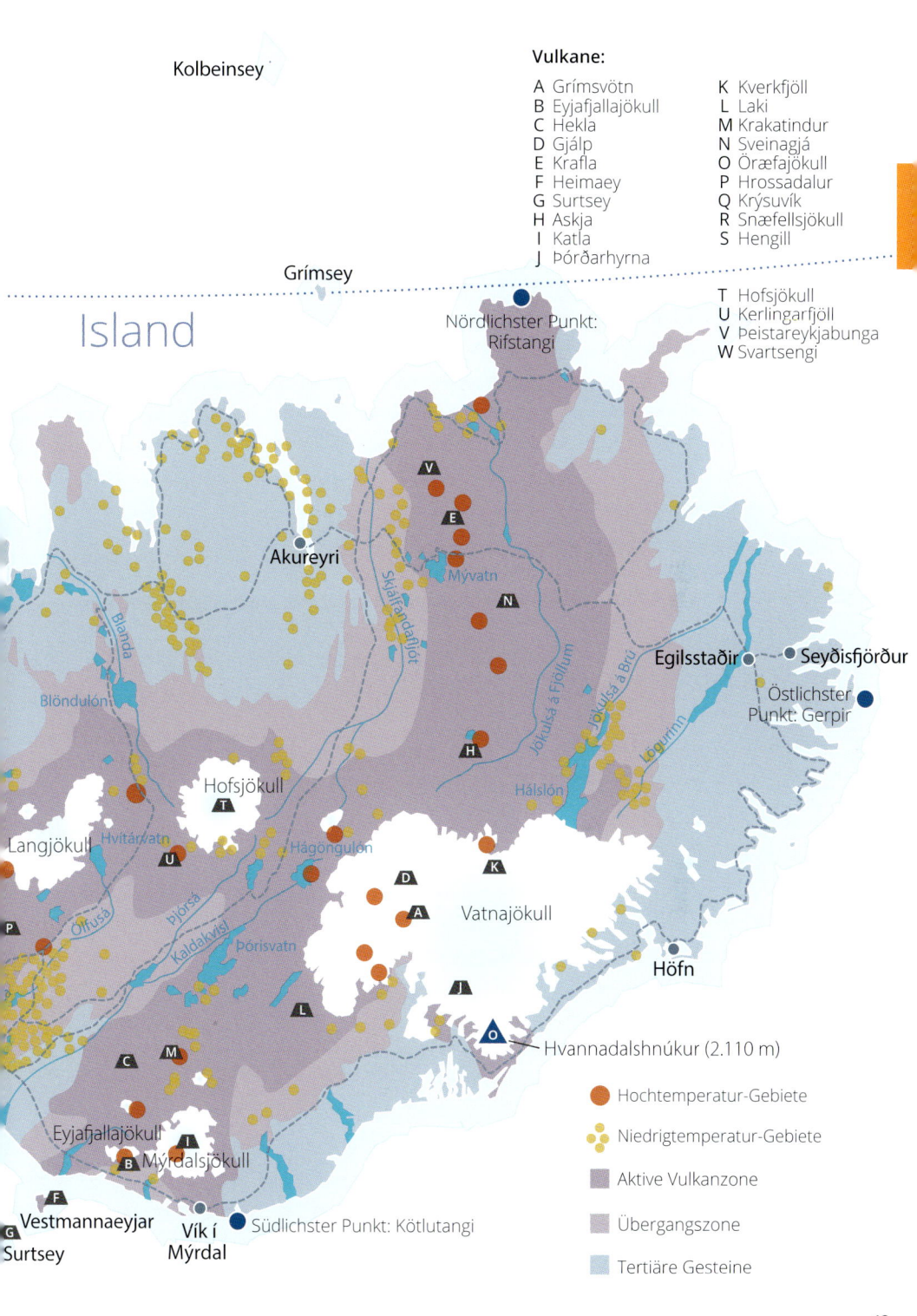

Island

Vulkane:

- A Grímsvötn
- B Eyjafjallajökull
- C Hekla
- D Gjálp
- E Krafla
- F Heimaey
- G Surtsey
- H Askja
- I Katla
- J Þórðarhyrna
- K Kverkfjöll
- L Laki
- M Krakatindur
- N Sveinagjá
- O Öræfajökull
- P Hrossadalur
- Q Krýsuvík
- R Snæfellsjökull
- S Hengill
- T Hofsjökull
- U Kerlingarfjöll
- V Þeistareykjabunga
- W Svartsengi

Kolbeinsey

Grímsey

Nördlichster Punkt: Rifstangi

Akureyri

Myvatn

Skjálfandafljót

Egilsstaðir • Seyðisfjörður

Östlichster Punkt: Gerpir

Blanda

Blöndulón

Jökulsá á Fjöllum

Jökulsá á Brú

Lagarfljót

Hálslón

Hofsjökull

Langjökull

Hvítárvatn

Hágöngulón

Ölfusá

Þjórsá

Kaldakvísl

Þórisvatn

Vatnajökull

Höfn

Hvannadalshnúkur (2.110 m)

Eyjafjallajökull

Mýrdalsjökull

Vestmannaeyjar

Surtsey

Vík í Mýrdal

Südlichster Punkt: Kötlutangi

- ● Hochtemperatur-Gebiete
- • Niedrigtemperatur-Gebiete
- ■ Aktive Vulkanzone
- ■ Übergangszone
- ■ Tertiäre Gesteine

Geografie

Fjorde und Gezeiten

Während der letzten Eiszeit gab es in Island mehrere Phasen der kompletten Vergletscherung mit einer Eisdicke von oft deutlich über 1.000 m. Die Richtung Meer abfließenden Eismassen der Auslassgletscher vertieften vorhandene Täler an vielen Stellen. Eine 1.000 m dicke Eisdecke übt auf den Untergrund einen Druck von 90 kg pro cm² aus – selbst härtester Fels kann dieser Kraft auf Dauer nicht standhalten.

Als nach dem Ende der letzten Kaltzeit der Meeresspiegel um etwa 100 m anstieg, wurden viele der Täler geflutet und die heutige Küste Islands mit ihren zahlreichen Fjorden entstand. Insbesondere im Westen, Norden und Osten ist die Küste von Fjorden geprägt. Einer der längsten Fjorde (ca. 70 km) ist der Eyjafjörður in Nordisland, an dessen Ufer die Stadt Akureyri liegt. Bei einer Rundreise um Island kann man besonders im Osten eindrucksvolle Fjordlandschaften erleben.

Stöðvarfjörður in Ostisland

Die zerklüftete isländische Küste mit ihrem System aus Fjorden führt im Zusammenspiel mit den Gezeiten auch zu einem der besonders eindrucksvollen Naturschauspiele. Nahe der Stadt Stykkishólmur in Westisland zwängen sich im Takt von Ebbe und Flut viele Millionen Kubikmeter Wasser aus dem riesigen Gebiet des Hvammsfjörður zwischen kleinen Inseln hindurch ins Meer oder zurück in das Fjordsystem. Dabei entstehen eindrucksvolle Wasserstrudel und Strömungsgeschwindigkeiten von mehr als 15 Knoten.

Die nachfolgende Tabelle gibt einen Überblick über den Tidenhub an verschiedenen Küstenabschnitten Islands.

Ort	Durchschnittlicher Tidenhub
Reykjavík	3,4 m
Akureyri	1,1 m
Seyðisfjörður	1,1 m
Ísafjörður	2,0 m
Hornafjörður	0,9 m

Felsentor am Kap Dyrhólaey

Gletscher in Island

Entwicklung der Gletscher

Rund 11% der Landfläche Islands sind von Gletschern bedeckt. Fünf größere und zahlreiche kleine Eiskappen sind mit einer Gesamtfläche von etwa 11.800 km² ein landschaftsprägendes Element.

Während der Eiszeit war Island praktisch vollständig von Eis bedeckt. Nur einzelne Bergspitzen, sogenannte Nunatakker, ragten aus dem Eis heraus. Es erreichte eine Dicke von 1.000 m bis 2.000 m. Da der Meeresspiegel während der Eiszeit mehr als 100 Meter niedriger war, bedeckte das Eis auch weite Teile des heutigen Schelfgebietes rund um Island.

Am Ende der Eiszeit vor etwa 12.000 Jahren ließ das abschmelzende Eis im Hochland eine Sand- und Kieswüste zurück. Die heutigen Gletscher Islands sind keine Relikte der Eiszeit, denn vor etwa 8.000 Jahren waren die Temperaturen in Island rund 3 °C bis 4 °C höher als heute und die Gletscher waren wahrscheinlich vollständig abgeschmolzen. Erst vor etwa 6.000 Jahren entstanden neue Gletscher, die ihre maximale Ausdehnung dann während der kleinen Eiszeit im 17. Jahrhundert erreichten.

Im nordöstlichen Hochland

Entstehung von Gletschern

Für die Entstehung eines Gletschers müssen zwei wesentliche Voraussetzungen erfüllt sein. Neben ausreichend tiefen Temperaturen muss auch eine Mindestmenge Niederschlag fallen – selbst bei dauerhaften Temperaturen weit unter dem Gefrierpunkt entstehen ohne Niederschläge keine Gletscher.

Frischer Schnee besteht aus stark verzweigten Kristallen. Eine Neuschneedecke enthält deshalb meist sehr viel Luft – in der Regel etwa 90%. Die Dichte von Neuschnee beträgt nur 0,1 g/cm^3. Älterer Schnee enthält kaum noch verzweigte Kristalle und wandelt sich im Laufe der Zeit in Firneis um. Firneis enthält nur noch etwa 30% Luft und hat eine Dichte von etwa 0,6 g/cm^3. Ab einer Dicke von 20 m bis 30 m wandeln sich die unteren Schichten von Firneis durch den Druck der aufliegenden Schnee- und Eismassen in Gletschereis um. Es enthält nur noch 2% Luft und hat eine Dichte von 0,9 g/cm^3. Die Eiskristalle haben einen Durchmesser von etwa 1 cm. Ab einer Dicke von 30 m bis 50 m beginnt das Gletschereis zu fließen.

Die isländischen Gletscher gehören zu den temperierten Gletschern. Man spricht auch von warmen Gletschern. Die Eistemperatur befindet sich praktisch überall im Gletscher am Druckschmelzpunkt. Abhängig vom Druck der aufliegenden Eismasse

Gletscherzungen am südlichen Vatnajökull

kann das Eis schon bei Temperaturen unter 0° C schmelzen und gefriert bei nachlassendem Druck wieder. Wasser kann das Eis am Druckschmelzpunkt leicht durchdringen und den Gletschergrund erreichen. Dort bildet es eine Art Gleitschicht und ermöglicht dem Gletscher das basale Gleiten – er beginnt zu fließen. Dabei passt sich das Eis auch Geländeunebenheiten an.

Die Geschwindigkeit des Eises liegt in Island bei einem halben bis einem Meter pro Tag. Sie ist unter anderem auch vom Untergrund und von der Niederschlagsmenge im Nährgebiet abhängig. Am Südrand des Gletschers Vatnajökull fallen z.T. bis zu 4.000 mm Niederschlag pro Jahr, während es am Nordrand nur etwa 400 mm sind. Dementsprechend ist die Fließgeschwindigkeit im Süden größer, als im Norden.

Massenbilanz von Gletschern

Gletscher werden in ein Akkumulationsgebiet (Nährgebiet) und in ein Ablationsgebiet (Zehrgebiet) unterteilt. Im Nährgebiet fällt im Jahresmittel mehr Schnee, als abtaut. Das Nährgebiet hat eine positive Massenbilanz. Im Zehrgebiet liegen die Verhältnisse umgekehrt und es hat eine negative Massenbilanz. Am Südrand des größten isländischen Gletschers Vatnajökull verläuft die Grenze zwischen Nähr- und Zehrgebiet auf etwa 1.000 m Höhe, am Nordrand des Gletschers auf 1.300 m Höhe und im Bereich

Equilibriumlinie eines Gletschers

der Missetäterwüste (Ódáðahraun) nördlich des Gletschers auf etwa 1.700 m Höhe. Im Spätsommer wird die Grenze zwischen Akkumulationsgebiet und Ablationsgebiet durch die Gleichgewichtslinie (Equilibriumlinie) markiert. Oberhalb der Gleichgewichtslinie ist das Eis noch von Schnee bedeckt, unterhalb ist der Schnee abgetaut.

Eisbewegungen und Gletscherspalten

Durch das Fließen des Eises strebt der Gletscher eine ausgeglichene Massenbilanz an. Im Optimalfall wird im Nährgebiet so viel Eis gebildet, wie im Zehrgebiet verloren geht und der Gletscher hat eine konstante Masse. In der Natur wird der Gleichgewichtszustand aber praktisch nicht erreicht, da z.B. durch Klimaänderungen Niederschläge und Temperaturen variieren und sich das Gleichgewicht ständig verschiebt. Gletscher haben also eine gewisse Dynamik. Sie stoßen im Wechsel vor und ziehen sich dann wieder zurück. Wenn sich eine Gletscherzunge zurückzieht, bleiben oft auch vom Gletscher getrennte und von Schutt bedeckte Eisreste, sogenanntes Toteis, zurück.

Manche Gletscher zeigen periodisch auch schnelle Vorstöße, die Fließgeschwindigkeit erhöht sich dann beträchtlich. So stieß in den Jahren 1963 und 1964 der Brúarjökull (nördlicher Vatnajökull) um mehr als 8 km vor, die höchste gemessene

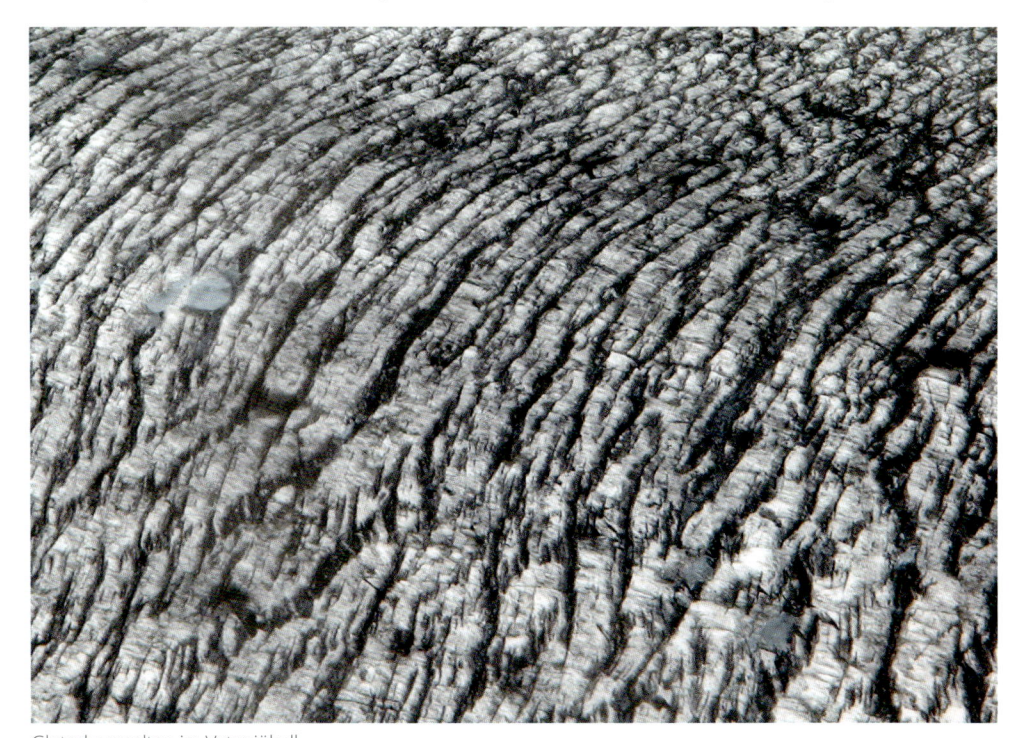

Gletscherspalten im Vatnajökull

Geschwindigkeit betrug 125 m an einem Tag. Solche Gletscher werden auch als galoppierende Gletscher bezeichnet. Über die genauen Ursachen der periodischen Vorstöße besteht unter Wissenschaftlern noch keine Einigkeit.

Aus dem Verlauf von Gletscherspalten kann man Rückschlüsse auf den Untergrund ziehen. Über Geländeunebenheiten bilden sich Spalten, die quer zur Bewegungsrichtung verlaufen. Sie sind bis zu 20 m tief. Am Ende von Gletscherzungen verbreitert sich der Eisstrom meistens, es entstehen Längsspalten. In der Mitte einer Gletscherzunge ist die Fließgeschwindigkeit in der Regel etwas höher als am Rand, wo das Eis vom Felsuntergrund gebremst wird. In der Übergangszone zwischen schnellem und langsamen Eis bilden sich Randspalten.

Gletschertypen

Auf Island sind heute alle wichtigen Gletscherformen zu finden. Mit 8.100 km² ist der Vatnajökull der drittgrößte Plateaugletscher der Erde, er wird nur vom Inlandeis Grönlands und der Antarktis übertroffen. Plateaugletscher sind flach gewölbte Eisschilde, die von einzelnen Bergspitzen, den Nunatakkern, überragt werden. Auch der Langjökull (950 km²), der Hofsjökull (925 km²), der Mýrdalsjökull (595 km²) und der Drangajökull (160 km²) sind typische Plateaugletscher. Einzelne Gletscherzungen reichen von den Eisplateaus bis weit hinab in die Täler. Sie werden als Auslassgletscher bezeichnet.

Neben den Plateaugletschern gibt es auch hunderte von Kar-, Hang- und Talgletschern in Island . So findet man z.B. alleine auf der Halbinsel Tröllaskagi in Nordisland etwa 115 kleine Kargletscher.

Debris

Gletscher transportieren neben Eis auch große Mengen Gestein (Debris). Es kann sich dabei um große Felsblöcke, aber auch um fein zermahlenes Material handeln. Pro Jahr wird der Untergrund durch das fließende Eis um 1 mm bis 5 mm abgeschliffen. Dies ist nicht verwunderlich, übt doch eine 1.000 m dicke Eisschicht einen Druck von 90 kg/cm² auf den Untergrund aus. Am Ende einer Gletscherzunge schmilzt das Eis ab und das transportierte Gestein bleibt zurück. Die aufliegende Schuttschicht wirkt bei Sonnenschein wie eine Heizung und beschleunigt das Abschmelzen. Erreicht die Schuttschicht eine gewisse Dicke, wirkt sie allerdings als Isolierung. Am Ende der Gletscherzungen bilden sich schließlich Endmoränen aus angehäuftem Schutt.

Auch an der Seite von Gletschern wird Schutt in Form einer Seitenmoräne abgelagert. Fließen zwei Gletscher zu einem größeren Gletscher zusammen, vereinen sich am Zusammenfluss zwei der Seitenmoränen der Ausgangsgletscher zu einer Mittelmoräne. Sie zieht sich oft als schwarzes Band unterhalb des Zusammenflusses auf dem Gletscher entlang.

Mittelmoräne

Gletscherläufe

Unter vielen Gletschern Islands liegen aktive Vulkane. Bei Ausbrüchen der Vulkane bilden sich unter dem Gletschereis zunächst Schmelzwasserseen. Wenn sich genug Wasser angesammelt hat, hebt sich das Eis langsam und gibt den Weg für das Wasser frei. Es kommt zu gewaltigen Flutwellen, die Eis- und Felsblöcke von mehr als 1.000 t mitreisen können. Diese als Gletscherläufe bezeichneten Flutwellen haben in den letzten Jahrtausenden an der Südküste riesige Sanderflächen aufgeschüttet und ehemalige Inseln (z.B. Dyrhólaey) ans Festland angeschlossen. Die Sanderflächen waren beim Bau der Ringstraße eines der größten Probleme. Im Bereich des Skeiðarásandur unterhalb des Vatnajökull wurde erst im Jahr 1974 die letzte Lücke in der Ringstraße mit einer über 1.000 m langen Brücke geschlossen.

Der letzte große Gletscherlauf im Gebiet des Vatnajökull fand im November 1996 statt. Unter dem westlichen Vatnajökull war am 29. September der Vulkan Bárðarbunga ausgebrochen. Das Schmelzwasser sammelte sich zunächst in der Grímsvötn-Caldera. Am 5. November begann das aufgestaute Wasser abzufließen. Als die Flutwelle ihren Höhepunkt erreicht hatte, flossen 45.000 Kubikmeter Wasser pro Sekunde ab. Die Flutwelle zerstörte einige kleinere Brücken, die große Skeiðarábrücke wurde beschädigt und etwa 10 km Straße wurden weggeschwemmt. Auch einige Strom- und Telefonleitungen wurden zerstört. Der Sachschaden belief sich auf etwa 15 Millionen Euro.

Der Gletschersee Jökulsárlón

Direkt an der Ringstraße liegt im Südosten von Island der Gletschersee Jökulsárlón. Die Gletscherzunge Breiðamerkurjökull reichte im Jahr 1890 noch bis 250 m an die Küste heran. In den letzten 100 Jahren hat sich die Gletscherzunge um viele Kilometer zurückgezogen und dabei den Gletschersee zurückgelassen. Man kann hier die Entstehung eines neuen Fjords beobachten. Der See erreicht eine Tiefe von bis zu 200 m und reicht damit auch fast 200 m unter den Meeresspiegel. Ursache für den Rückzug des Gletschers ist vermutlich Salzwasser, dass vom Meer her unter den Gletscher eingedrungen ist. Es hat eine höhere Dichte als Süßwasser und das Eis des Gletschers wurde stärker angehoben, als vorher durch das Süßwasser. Er wurde instabil und noch immer brechen vom Ende der Gletscherzunge ständig Eisberge ab, die auf dem See umhertreiben.

Frisch abgebrochene Eisblöcke sind leuchtend blau. Das Eis ist praktisch frei von Luftblasen und reflektiert den blauen Anteil des Lichtes. Nach einigen Tagen dringt Luft ins Eis ein und der gesamte Spektralbereich des sichtbaren Lichtes wird reflektiert. Das Eis wird weiß.

Klimawandel und Gletscher

Im August 2018 sorgte eine Aktion am Schildvulkan Ok weltweit für Aufsehen. Aktivisten enthüllten medienwirksam eine Gedenktafel, die an den Gletscher Okjökull erinnert. Der Gletscher ist durch die globale Erwärmung weitgehend abgeschmolzen. Allerdings bildete sich der Gletscher erst während der kleinen Eiszeit von Anfang des 15. Jahrhunderts bis Ende des 19. Jahrhunderts. Es ist also nicht wirklich verwunderlich, dass er bei steigenden Temperaturen nach dem Ende der kleinen Eiszeit auch wieder verschwunden ist.

Wie weiter oben schon erwähnt, reagieren Gletscher mit einer gewissen Verzögerung auf Änderungen von durchschnittlicher Temperatur und Niederschlagsmenge. Die Erwärmung der letzten etwa 150 Jahre hat auch in Island sichtbare Auswirkungen auf Gletscher. Die Fläche aller großen Gletscher hat abgenommen.

Gletscher	Fläche km² 1958	Fläche km² 2000	Differenz
Vatnajökull	8.538 km²	8.160 km²	-378 km² / -4,4 %
Langjökull	1.022 km²	950 km²	-72 km² / -7,0 %
Hofsjökull	966 km²	925 km²	-41 km² / -4,2 %
Mýrdalsjökull	701 km²	590 km²	-111 km² / -15,8 %
Drangajökull	199 km²	160 km²	-39 km² / -19,6 %

Der Trend hat sich seit dem Jahr 2000 fortgesetzt und die Gesamtfläche isländischer Gletscher hat bis 2019 weiter um ca. 800 km² abgenommen. Seit der Maximalausdehnung am Ende der kleinen Eiszeit haben die Gletscher fast 2.200 km² Fläche verloren. Der Massenverlust seit 1995 liegt in einer Größenordnung von 250 km³, dies entspricht ca. 7% des Gesamtvolumens.

Wichtig ist aber auch noch einmal die Einordnung in einen längeren zeitlichen Zusammenhang. Wie weiter oben schon erwähnt, war Island vor etwa 8.000 Jahren praktisch frei von Gletschern. In den letzten Jahren gab es auch wiederholt Berichte über Funde von ehemaligen Wäldern, deren Überreste nach mehreren tausend Jahren von den zurückweichenden Gletschern freigegeben wurden.

Die Abnahme der Eismasse könnte auf lange Sicht für Island große Auswirkungen haben. Mehrere wissenschaftliche Veröffentlichungen gehen davon aus, dass durch die schwindende Eismasse der Druck auf den Untergrund nachlässt und unter den Gletschern liegende Vulkane dann zunehmend stärkere Aktivität zeigen. Auch die Erzeugung von Strom mit der Wasserkraft von Gletscherflüssen könnte zunehmend schwieriger werden.

Flüsse und Wasserfälle

Die großen Flüsse Islands sind durchwegs Gletscherflüsse. So entwässert der Gletscherfluss Jökulsá á Fjöllum den nordöstlichen Teil Islands. Mit einer Länge von 206 km ist die Jökulsá á Fjöllum der zweitlängste Fluss des Landes. Sie entspringt am Nordrand des Gletschers Vatnajökull und hat ein Einzugsgebiet von etwa 8.000 km². Während der ersten 150 km fließt das Wasser eher gemächlich nach Norden. Pro Flusskilometer ist im Schnitt lediglich ein Gefälle von einem halben Meter zu verzeichnen. Im Oberlauf bildet die Jökulsá á Fjöllum ausgeprägte Mäander und Schwemmebenen. Mit dem 12 m hohen Wasserfall Selfoss beginnt dann der Absturz in einen Canyon. Die zweite Fallstufe bildet der Wasserfall Dettifoss. Das Gletscherwasser stürzt auf einer Breite von rund 100 m über 44 m in eine Schlucht. Im Sommer liegt die Wassermenge bei 1.500 m³ pro Sekunde.

Neben dem Schmelzwasser führt der Fluss auch große Mengen Geröll mit sich. Pro Tag werden rund 120.000 t Geröll, Gestein, Sand und Schlamm transportiert, was etwa 2 g pro Liter entspricht. Der Transport geschieht in Form von Schwebfracht (kleine Partikel) oder als Gerölltrieb, bei dem die Partikel in Wirbeln durch das Wasser bewegt werden. Sie stoßen dabei immer wieder auf den Boden und prallen zurück. Die Gesteinspartikel runden sich dabei ab, tragen aber auch besonders stark zur Erosion bei. Würde man das täglich transportierte Geröll auf einem Güterzug verladen, bräuchte man 2.400 Waggons. Pro Jahr wird das Land im Einzugsgebiet um 2 mm abgetragen.

Schlucht unterhalb des Wasserfalls Dettifoss

Das mitgeführte Geröll übt eine starke Erosionskraft aus und trägt zur Vertiefung der Schlucht und zur Wanderung der Wasserfälle bei. Im Bereich des Dettifoss wandert die Fallkante pro Jahr etwa einen halben Meter bis einen Meter flussaufwärts.

Der wohl bekannteste Wasserfall Islands dürfte der Gullfoss, der Goldene Wasserfall, sein. Über zwei im spitzen Winkel aufeinander stehende Kaskaden stürzt das Wasser des Gletscherflusses Hvítá in eine 2,5 km lange und 70 m tiefe Schlucht. An warmen Sommertagen donnern pro Sekunde bis zu 1.200 m³ Wasser in die Tiefe. Die obere Stufe des Wasserfalls hat eine Höhe von 11 m, die untere Stufe erreicht eine Höhe von 20 m. Die Fallkante beider Stufen wird durch zwei Lavaschichten gebildet. Zwischen den beiden Lavaschichten befindet sich eine weiche Schicht aus Flussschotter. Auch unter der zweiten Basaltschicht liegt Flussschotter. Das fallende Wasser kann diese weichen Schottereinlagerungen leicht abtragen, die Basaltschichten werden unterspült und brechen regelmäßig ab. So ist in den letzten 10.000 Jahren die Schlucht durch rückschreitende Erosion entstanden. Im Schnitt beträgt die erosive Rückschreitung 30 cm pro Jahr. Besonders starke Erosionskraft entfaltet das Wasser bei Gletscherläufen und während der Schneeschmelze. Eine Verdoppelung der Strömungsgeschwindigkeit kann das Transportvermögen des Wassers um den Faktor 60 vergrößern.

Link zu YouTube: Flug über Island – Wasserwelten:

Wasserfall Gullfoss

Geografie

Der Wasserfall Goðafoss verdankt seine Entstehung einem Vulkanausbruch. Vor rund 8.000 Jahren bildete sich bei einem Ausbruch des Schildvulkans Trölladyngja ein Lavastrom von 105 km Länge. Sein Ende bildete ursprünglich die Fallkante des Goðafoss, sie wanderte durch Erosion aber ebenfalls flussaufwärts.

Wasserfall Goðafoss

Der vom Gletscher Langjökull gespeiste Fluss Hvitá versickert westlich des Gletschers teilweise im Lavafeld Hallmundarhraun und fließt unterirdisch weiter. Dabei trifft das Wasser auf eine wasserundurchlässige Schicht. Auf Höhe der Hraunfossar hat die Hvitá das Lavafeld erosiv angeschnitten und die wasserstauende Schicht freigelegt. Das flussaufwärts versickerte Wasser tritt über hunderte kleine Wasserfälle, die scheinbar aus dem Nichts entspringen, wieder zutage.

Hraunfossar Wasserfälle

Der 60 m hohe Wasserfall Skógafoss entstand wie viele andere Wasserfälle im Land erst nach dem Ende der Eiszeit. Nachdem die Gletscher geschmolzen waren und das Land von der großen Eislast befreit war, begann es, sich zu heben. Im Bereich der isländischen Südküste hob sich das Land teilweise um mehr als 50 m und es entstanden hohe Klippen, über die Flüsse nach unten stürzen. Auch der Seljalandsfoss verdankt seine Entstehung der Landhebung.

Wasserfall Skógafoss

Ausgleichsküste

Die Gletscherflüsse Islands transportieren große Mengen Kies und Sand ins Meer. Durch Strömungen wird das Material auch im Meer weiter transportiert. Die Strömung fließt dabei meist von der Spitze einer Landzunge zur nächsten und kaum in die Buchten und Fjorde hinein. So wird entlang der Strömungslinie zwischen zwei Landspitzen Sand und Geröll abgelagert. Ganze Buchten werden vom offenen Meer abgetrennt und eine Ausgleichsküste entsteht. Hinter der Sandbank bildet sich dann meistens eine Lagune.

Ausgleichsküste am Kap Dyrhólaey

Permafrost

Permafrostböden sind im isländischen Hochland über 550 m - 600 m weit verbreitet. Diese auch als Dauerfrostböden bezeichneten Böden sind ab einer gewissen Tiefe das ganze Jahr hindurch gefroren. Während der Sommermonate taut an der Oberfläche oft eine Schicht von wenigen Zentimetern bis zu mehreren Metern auf. Sie wird als Auftauboden bezeichnet. Unterhalb des Auftaubodens liegt der permanent gefrorene Dauerfrostboden, darunter der sogenannte Niefrostboden. Der Auftauboden ist während der Sommermonate meist mit Wasser durchtränkt, das Wasser kann durch das Eis im Permafrostbereich des Bodens nicht versickern. Eine Folge der hohen Bodenfeuchtigkeit ist das Auftreten von Bodenfließen (Solifluktion) und Bodendurchmischung (Kryoturbation).

Solifluktion tritt auf, wenn eine Hangneigung von mindestens 2° und ein ausreichend hoher Anteil an Feinmaterial im Boden vorhanden ist. Die aufgetaute obere Bodenschicht beginnt dann, der Hangneigung folgend, einige Zentimeter pro Jahr zu fließen.

Kryoturbation tritt auf, wenn die obere Bodenschicht, die auch als „Active Layer" bezeichnet wird, wiederholt auftaut und wieder gefriert. Der Gefriervorgang geschieht dabei von oben nach unten. Da das Wasser in gefrorenem Zustand ein größeres Volumen als im flüssigen Zustand hat, entsteht zwischen dem Dauerfrostboden und der wieder gefrorenen oberen Schicht des Auftaubodens ein Auflastdruck. Der noch nicht gefrorene Teil des Substrats ist wassergesättigt und durch den Druck wird ein Teil des Wassers zusammen mit feinem Bodenmaterial durch Risse und Spalten an die Oberfläche gepresst. Der feine Schlamm fließt wie ein Fladen an der Oberfläche auseinander und durch wiederholte Gefrier- und Auftauzyklen wird der gesamte Active Layer im Laufe der Zeit durchmischt.

Ebenfalls an die Kryoturbation gekoppelt ist das Auftreten von Frostmusterböden. Dabei handelt es sich um Oberflächenstrukturen, die auf Sortierprozesse in Folge der Kryoturbation zurückzuführen sind. Besonders häufig treten in Böden mit unterschiedlichen Korngrößen und einem gewissen Anteil Grobmaterial Steinpolygone bzw. Steinringe auf, die zu Steinnetzen verschmelzen können. Beim Gefriervorgang dehnt sich das im Boden vorhandene Wasser aus, dabei entsteht ein leichter nach oben gerichteter Druck, der sowohl Fein- als auch Grobmaterial im Boden anhebt (Frosthub). Der Boden wölbt sich dabei an der Oberfläche meist kreisähnlich. Schmilzt das Eis im Sommer, entstehen im Boden kleine Hohlräume, die durch eingeschwemmtes Feinmaterial aufgefüllt werden, während das Grobmaterial an der Oberfläche verbleibt. Wiederholen sich diese Vorgänge über viele Jahre, sammelt sich an der Oberfläche langsam Grobmaterial an, der Boden wird regelrecht nach Korngröße sortiert. Das an der Oberfläche angehäufte Grobmaterial wandert durch die winterliche kreisförmige Bodenhebung langsam an die Seiten der Aufwölbung und bildet schließlich Steinringe. Liegen mehrere Steinringe nebeneinander, können sie zu einem Steinnetz verschmelzen. Bei stärkerer Hangneigung kommt der Effekt der Solifluktion hinzu, es entstehen Stein-Ellipsen oder sogar parallele Steinstreifen.

Steinnetz (Permafrostboden)

Lavahöhlen | Inside the Volcano | Superjeep-Touren

Geologie

Geologie

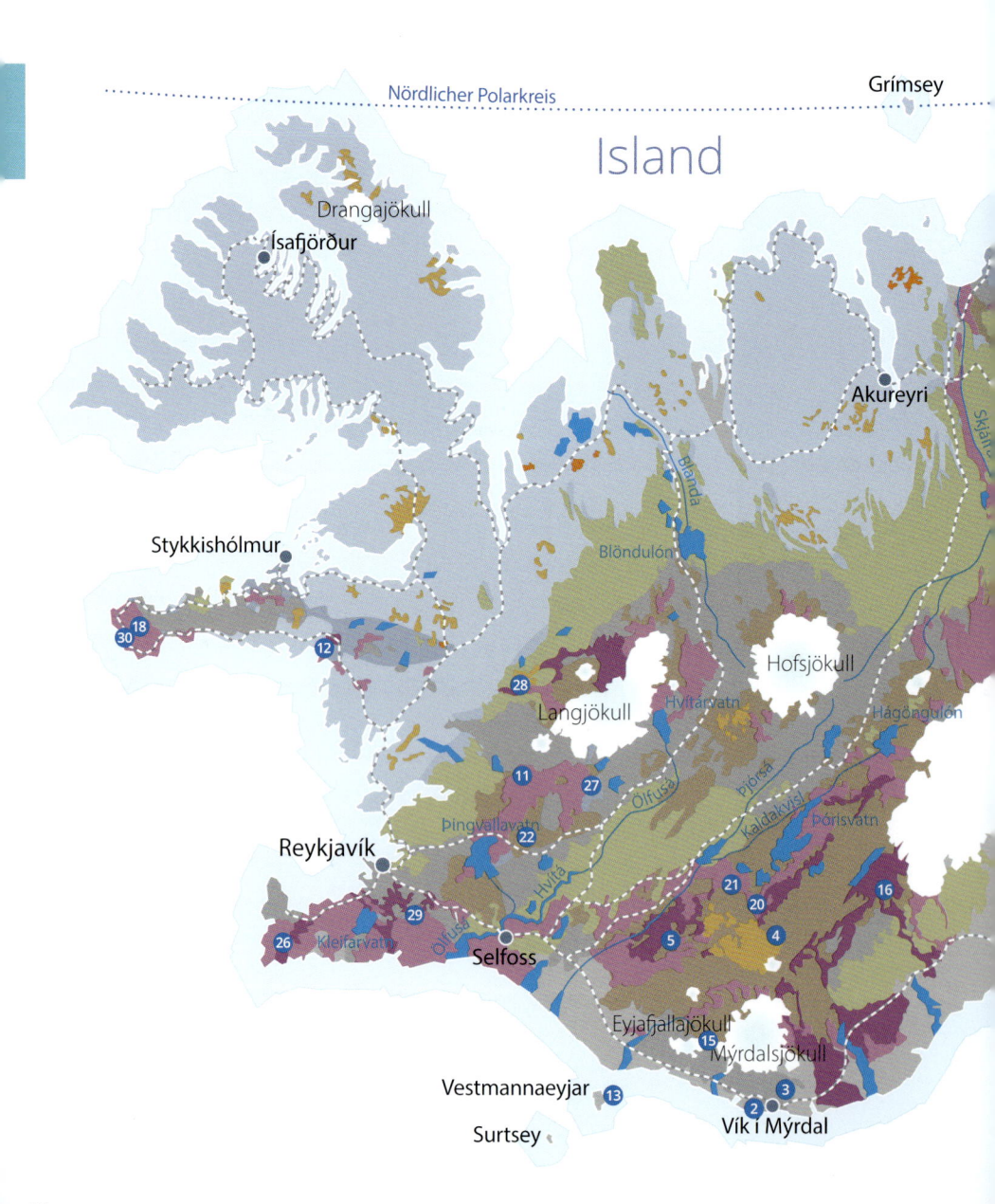

Kolbeinsey

Nördlicher Polarkreis   Grímsey

Island

Drangajökull
Ísafjörður

Akureyri

Stykkishólmur

Blöndulón

Hofsjökull

Hágöngulón

Langjökull
Hvítárvatn

Þingvallavatn
Reykjavík
Ölfusá
Hvítá
Selfoss
Kleifarvatn

Þórisvatn

Eyjafjallajökull
Mýrdalsjökull

Vestmannaeyjar
Surtsey
Vík í Mýrdal

Geologie

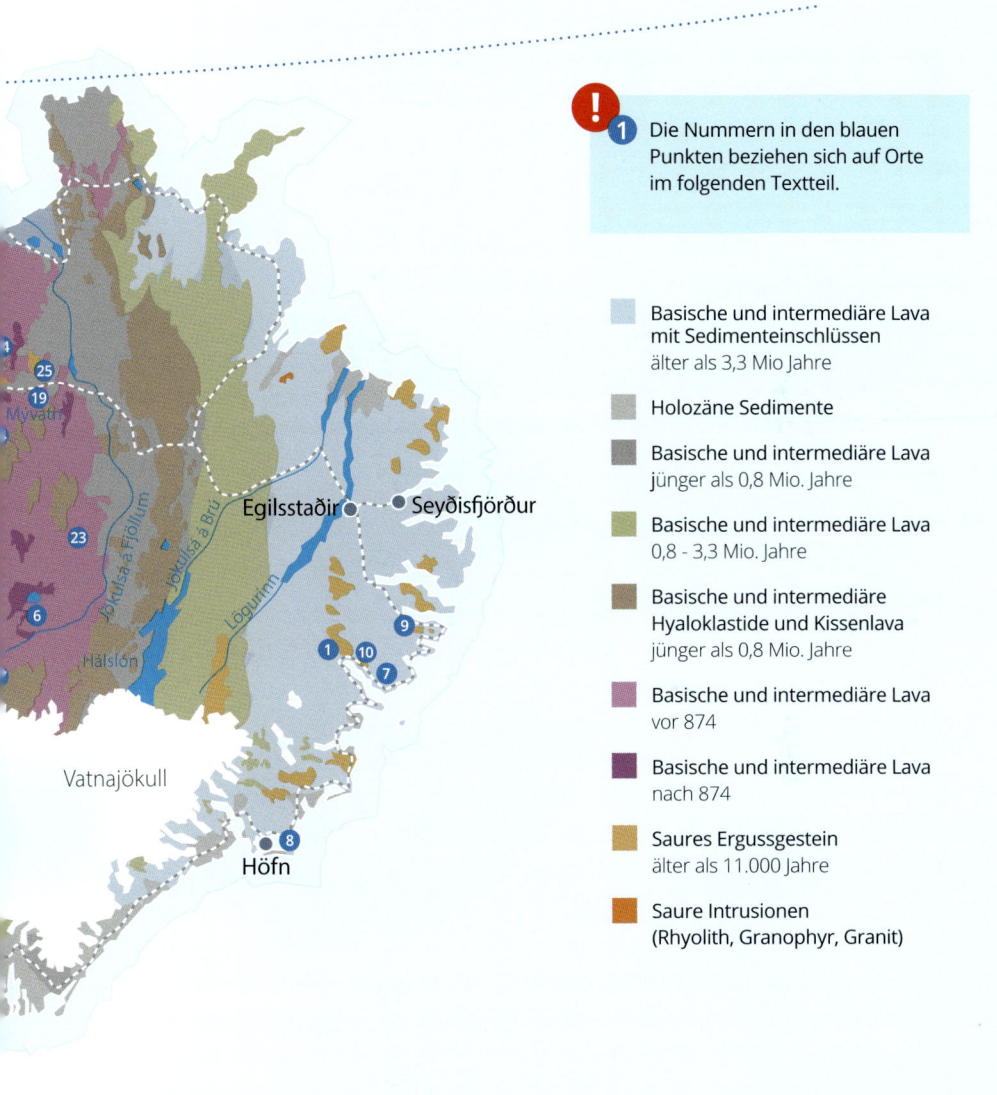

> ⓘ Die Nummern in den blauen Punkten beziehen sich auf Orte im folgenden Textteil.

- Basische und intermediäre Lava mit Sedimenteinschlüssen
  älter als 3,3 Mio Jahre
- Holozäne Sedimente
- Basische und intermediäre Lava
  jünger als 0,8 Mio. Jahre
- Basische und intermediäre Lava
  0,8 - 3,3 Mio. Jahre
- Basische und intermediäre Hyaloklastide und Kissenlava
  jünger als 0,8 Mio. Jahre
- Basische und intermediäre Lava
  vor 874
- Basische und intermediäre Lava
  nach 874
- Saures Ergussgestein
  älter als 11.000 Jahre
- Saure Intrusionen
  (Rhyolith, Granophyr, Granit)

Aufbau der Erde

Die Erde hat einen Durchmesser von rund 12.750 km. Über den inneren Aufbau der Erde ist bis heute nur vergleichsweise wenig bekannt. Viele Erkenntnisse wurden durch die Erdbebenforschung gewonnen. Erdbeben verursachen Schwingungen, die mit einer bestimmten Geschwindigkeit durch das Erdinnere laufen. Sie können durch Seismographen registriert werden. Etwa 20 km bis 70 km unter den Kontinenten und 5 km bis 10 km unter den Meeresböden erhöht sich die Geschwindigkeit der Erdbebenwellen plötzlich von 6,7 bis 7,2 km pro Sekunde auf 7,6 bis 8,6 km/s. Die Grenzfläche wird als Mohorovicic-Diskontinuität bezeichnet und markiert die Grenze zwischen der festen Erdkruste und dem darunterliegenden Erdmantel. Die Wellengeschwindigkeit erhöht sich bis in eine Tiefe von 2.900 km auf etwa 13 km/s und sinkt dann plötzlich wieder auf etwa 8 km/s ab. Diese Geschwindigkeitsänderung markiert den Wechsel vom Erdmantel zum äußeren Erdkern. In 5.100 km Tiefe erfolgt der Übergang zum inneren Erdkern.

Die oberste Schicht, die starre Erdkruste (Lithosphäre) ist also 10 km bis 70 km dick und liegt auf der plastischen (teilweise geschmolzenen) oberen Schicht des Erdmantels, der Asthenosphäre, auf. Die Lithosphäre setzt sich aus 7 großen und mehreren kleinen Platten zusammen.

Mit der Tiefe nehmen auch Temperatur und Druck zu. Während das Gestein an der Oberfläche die Durchschnittstemperatur der Umgebung annimmt, steigt die Temperatur um etwa 30 °C pro 1.000 m Tiefe. In vulkanisch aktiven Gebieten liegt dieser geothermische Gradient bei 60 °C - 100 °C pro 1.000 m. Im Erdkern liegt die Temperatur wie an der Sonnenoberfläche bei 6.000 °C, der Druck beträgt rund eine Million Atmosphären.

Obwohl die Erde nach ihrer Entstehung ein glühender Körper war, hat sie bis heute die Wärme fast vollständig abgestrahlt. Wärme wird allerdings in der Tiefe durch den Zerfall radioaktiver Elemente nachgeliefert und das Innere der Erde hat auch heute noch eine hohe Temperatur.

Plattentektonik

Bei der Betrachtung der Küstenlinien Afrikas und Südamerikas fällt auf, dass die Küstenlinien so zusammenpassen, als hätten sie ursprünglich eine große Landmasse gebildet, die zerbrach. Aufgrund dieser und anderer Beobachtungen entwickelte der Meteorologe Alfred Wegener 1912 die Theorie der Kontinentaldrift. Demnach bildeten vor 225 Millionen Jahren alle Kontinente einen Superkontinent (Pangäa), der im Laufe der Jahrmillionen auseinanderbrach. Aus den Bruchstücken entstanden die heutigen Kontinente.

Die Theorie wurde durch Fossilienfunde und geologische Strukturen gestützt. So fanden sich z.B. an einander gegenüberliegenden Küstenabschnitten in Französisch Guyana (Südamerika) und Guinea (Afrika) Granite gleichen Alters und gleicher Zusammensetzung. Entlang der Westküste im südlichen Afrika finden sich Ablagerungen und Schliffspuren von Gletschern, ebenso entlang der Ostküste im südlichen Teil von Südamerika. Gebirgsreste an der Südspitze Afrikas finden ihre geologische Fortsetzung an der Ostküste Südamerikas. Auch identische Fossilien von Landtieren und Pflanzen fanden sich auf verschiedenen Kontinenten. All diese Indizien stützen Wegeners Theorie.

Andererseits wurde sie auch heftig kritisiert. Damals wurde von führenden Geologen die Schrumpfungstheorie favorisiert. Demnach schrumpfte die Erde durch Abkühlung während der Erdgeschichte und wie auf einem verschrumpelten Apfel bildeten sich dabei Falten – die Faltengebirge. Man empfand es als anmaßend, dass ein Meteorologe die etablierte Lehrmeinung in Frage stellte. Die Theorie der Kontinentaldrift geriet schließlich einige Jahrzehnte in Vergessenheit.

Sollten die heutigen Kontinente einmal einen Großkontinent gebildet haben, hätten sie sich im Laufe der Zeit um Tausende von Kilometern voneinander entfernen müssen. Mit anderen Worten, Gesteinspakete von kontinentaler Größe hätten verschoben werden müssen.

Bei geologischen Untersuchungen am Meeresgrund ergaben sich in den sechziger Jahren des 20. Jahrhunderts erste Hinweise auf diese Bewegung. Es ist bekannt, dass sich das Magnetfeld der Erde im Verlauf der Erdgeschichte mehrmals umgepolt hat. Bestimmte magnetische Gesteine wie Basalt konservieren die Ausrichtung des Magnetfeldes über Jahrmillionen. Als der Atlantik in den 1960er Jahren immer genauer vermessen wurde, entdeckte man in der Mitte zwischen Afrika und Europa auf der einen und den beiden amerikanischen Kontinenten auf der anderen Seite einen mehrere tausend Kilometer langen Gebirgszug unter dem Meeresspiegel – den Mittelatlantischen Rücken. Parallel zum Mittelatlantischen Rücken wurden langgezogene Streifen starker und schwacher Magnetfelder gefunden, die einander abwechseln. Sie liegen symmetrisch auf beiden Seiten des Gebirges und bestehen aus Basalt. Der naheliegende Schluss war, dass hier durch den Aufstieg von Magma ständig neuer Meeresboden gebildet wird, der vom Mittelatlantischen Rücken aus in entgegengesetzte Richtungen driftet. Beim Erkalten der Gesteine wird die Richtung des jeweils herrschenden Magnetfeldes konserviert. Meeresbodenstreifen, die dieselbe Magnetfeldrichtung wie heute aufweisen, haben ein starkes Magnetfeld, Streifen mit entgegengesetzter Magnetisierung ein schwaches Feld. Da die Zeit zwischen den jüngsten Umpolungen des Erdmagnetfeldes bekannt ist, lässt sich aus der Breite der Streifen eine Driftgeschwindigkeit berechnen. Sie liegt im nördlichen Bereich des Mittelatlantischen Rückens bei etwa 1 cm pro Jahr, im südlichen Bereich bei 5 cm pro Jahr.

Eine der wenigen Stellen, an denen der Mittelatlantische Rücken sich über die Meeresoberfläche erhebt, ist Island. Das ganze Gebirge entstand durch die Tätigkeit von unterseeischen Vulkanen, die auch heute noch aktiv sind, was die isländischen Vul-

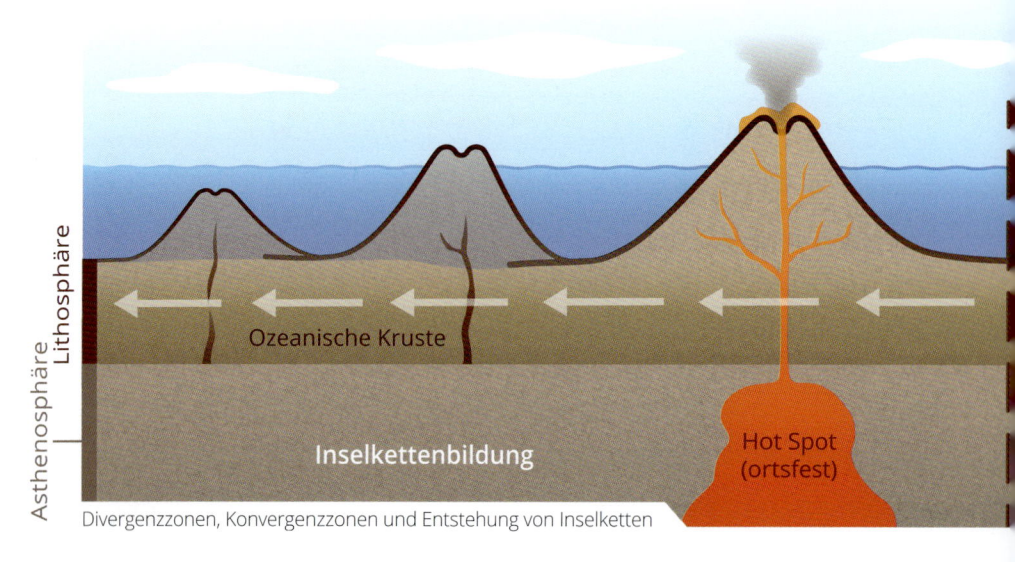

Divergenzzonen, Konvergenzzonen und Entstehung von Inselketten

kane als Teil des Gebirges eindrucksvoll beweisen. Diese Vulkane liefern auch den Gesteinsnachschub zur Neubildung von Meeresboden.

Durch die ständige Neubildung von Meeresboden - auch als Sea-Floor-Spreading bezeichnet - müsste sich der Erdumfang eigentlich langsam vergrößern. Da dies nicht der Fall ist, muss es einen Mechanismus geben, der zum Verschwinden von Meeresboden führt. Die Platten der Erdkruste bewegen sich an manchen Stellen, z.B. am Mittelatlantischen Rücken, auseinander (Divergenzzonen), an anderen Stellen nähern sie sich einander (Konvergenzzonen). Dabei taucht dann die eine Platte unter die andere Platte ab und wird im Erdmantel aufgeschmolzen. Ein Beispiel für solche Subduktionszonen ist die Westküste von Amerika. Vor der Küste liegt ein Tiefseegraben. Er markiert die eigentliche Subduktionszone, in der die pazifische Platte unter die amerikanische abtaucht. Auf den amerikanischen Kontinentalplatten zieht sich ein Gebirge mit aktiven Vulkanen von Alaska bis nach Feuerland. Die Kollision der Platten wird auch von starken Erdbeben begleitet.

Sowohl im Bereich von Konvergenzzonen als auch im Bereich von Divergenzzonen sind Vulkane zu finden. Einige bekannte Vulkangebiete, es seien nur die Kanarischen Inseln oder die Hawaii-Inseln genannt, liegen aber nicht in der Nähe von Plattengrenzen. Die Entstehung dieser Vulkane wird auf sogenannte Hot Spots zurückgeführt. Hier wird Magma in großer Menge aus dem unteren Bereich der Asthenosphäre nach oben befördert und durchbricht die Platten. Hot Spots sind stationär, die Platten bewegen sich über sie hinweg. So entstehen im Laufe der Zeit vulkanische Inselketten wie die schon erwähnten Kanarischen oder Hawaii-Inseln.

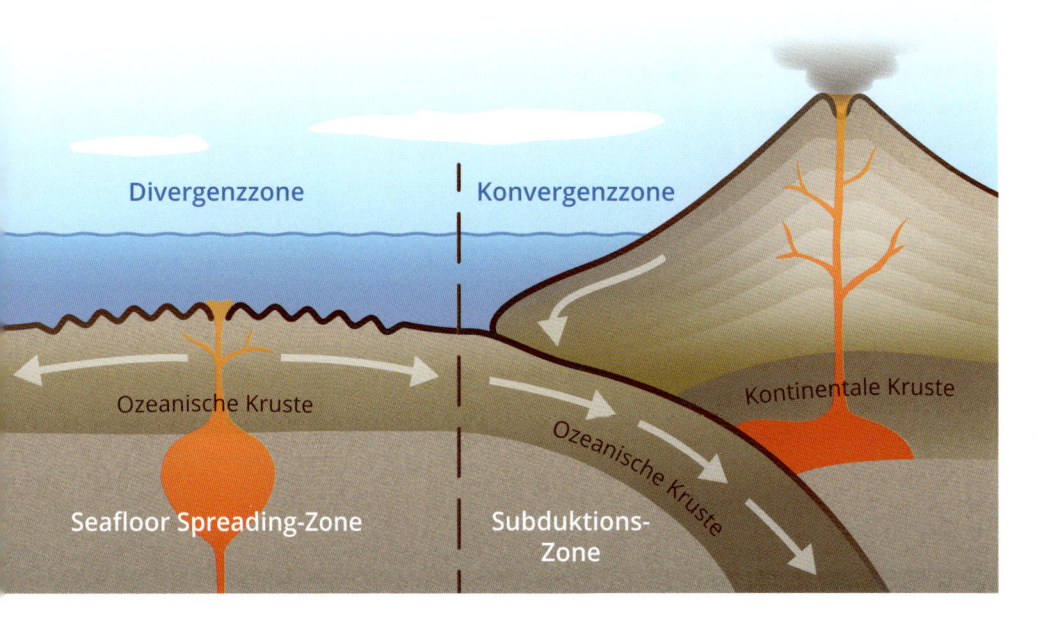

Es bleibt noch die Frage, welche Kraft die Platten bewegt. Im Erdinneren entstehen durch radioaktiven Zerfall hohe Temperaturen. Es entsteht eine Konvektionsströmung und die stark erhitzten, flüssigen Gesteinsmassen steigen nach oben – ähnlich, wie warme Luft über einem Feuer oder einer Kerze nach oben steigt. An der Untergrenze der Lithosphäre wird die Konvektionsströmung zur Seite abgelenkt und verläuft nun parallel zur Unterseite der Platten. Auf diesem „Förderband" werden die Platten transportiert. Das Gestein kühlt sich dabei weiter ab und seine Dichte steigt immer weiter an. Schließlich sinkt das immer noch flüssige Gestein wieder Richtung Erdkern und wird dort erneut erhitzt.

Entstehung von Island

Island ist geologisch gesehen noch sehr jung. Die Insel verdankt ihre Entstehung der Lage genau auf der Grenze zwischen zwei Platten der Erdkruste und über einem Hot Spot. Durch das Zusammenspiel von Hot Spot und Plattengrenze begannen vor etwa 25 Millionen Jahren lange andauernde Vulkanausbrüche unter dem Meeresspiegel. Vor rund 20 Millionen Jahren durchbrachen die Vulkane die Meeresoberfläche und Island erhob sich über das Wasser.

Die für Island typischen Spalteneruptionen dauerten noch viele Jahrmillionen an und ließen die Insel weiter wachsen. Entlang der Eruptionsspalten kam dünnflüssige Lava in riesigen Mengen an die Oberfläche und eine Flut aus flüssigem Basaltgestein ergoss sich in die Landschaft. Die Ausbruchsphasen wurden immer wieder von Ruheperioden unterbrochen. So erstarrten die Flutbasalte in Form einzelner Basaltschichten.

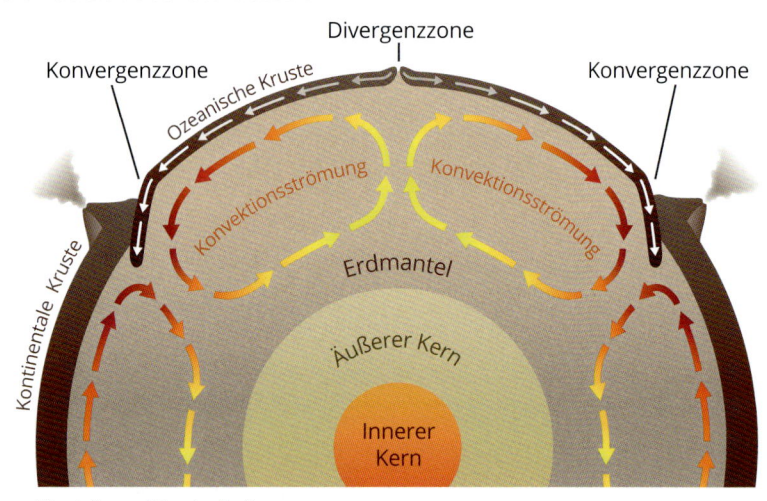

Mantelkonvektion im Erdinneren

Da Island im Bereich einer Divergenzzone liegt, wanderten die Flutbasalte im Laufe der Zeit mit den Platten der Erdkruste nach Osten und Westen. Sie bilden heute in den Ostfjorden und Westfjorden die ältesten Teile Islands. Dort sind die Flutbasaltschichten ❶ auch gut erkennbar.

Flutbasaltschichten im Berufjörður

Durch Erosion wurde das ursprüngliche Hochplateau langsam abgetragen und während der letzten Eiszeit formten die Gletscher das heutige Landschaftsbild.

In der Mitte des Landes blieb der Vulkanismus aktiv. Noch heute liegt dort die aktive Vulkanzone. Im südlichen Teil Islands teilt sie sich in drei Arme. Der älteste Arm zieht sich über die Halbinsel Snæfellsnes nach Westen. Ein jüngerer Arm verläuft über die Halbinsel Reykjanes nach Südwesten und der jüngste Arm bildet die südisländische Vulkanzone mit dem Vulkan Katla, dem Eyjafjallajökull, den Westmännerinseln und weiteren Vulkanen.

Besonders deutlich ausgeprägt zeigt sich die Nahtstelle zwischen der amerikanischen und der eurasischen Platte als Grabenbruch im Bereich des Nationalparks Þingvellir. Vom Besucherzentrum Hakið an der Westseite des Grabenbruches bietet sich ein weiter Blick über den etwa 20 - 30 m tiefer liegenden See Þingvallavatn. Erst nach dem Ende der Eiszeit entstand das Lavafeld, auf dem heute das Besucherzentrum von Þingvellir steht. Die Ebene setzte sich Richtung Osten fort und es gab noch keinen See. Die amerikanische und die eurasische Platte entfernen sich im Bereich von Þingvellir pro Jahr etwa 2 cm voneinander und gleichzeitig sinkt im Bereich des Grabenbruches der Boden jährlich um etwa 2 cm ab. Die gesamte Senke mit dem See Þingvallavatn entstand erst im Laufe der letzten ca. 12.000 Jahre. Eine Hauptbruchkante bildet die Schlucht Almannagjá unterhalb des Besucherzentrums. Wer unterhalb der Basaltwände durch die Schlucht geht, kann die Kräfte erahnen, die hier am Werk sind. Die Bruchzone setzt sich in Form zahlreicher Spalten über das ganze Tal nach Osten fort. Am östlichen Ende der Bruchzone ist die zweite Hauptbruchkante ebenfalls deutlich erkennbar und seit dem Jahr 2020 gibt es dort einen weiteren Aussichtspunkt.

Grabenbruch Þingvellir

Die Risse und Spalten werden bei mehr oder weniger regelmäßigen Vulkanausbrüchen immer wieder aufgefüllt. Südlich des Sees Þingvallavatn schließt der Vulkan Hengill das Tal ab, im Norden der Schildvulkan Skjaldbreiður. Auch einige kleine Inseln im See entstanden bei Vulkanausbrüchen.

Vulkanische Gesteine – Magmatide

Geologen bezeichnen die Gesteinsschmelze im Inneren der Erde als Magma. Erstarrt die Schmelze, entstehen magmatische Gesteine, die Magmatide. Sie bestehen u.a. aus Siliziumdioxid (auch als Kieselsäure bezeichnet). Je nach Kieselsäuregehalt werden die Magmatide in drei Gruppen unterteilt. Bei einem Kieselsäuregehalt von weniger als 52% spricht man von basischen Magmatiden, enthält das Gestein zwischen 52% und 65% Kieselsäure, wird es als intermediär bezeichnet. Saure Magmatide haben einen Siliziumdioxidgehalt von mehr als 65%.

Magmatide können in verschiedenen Tiefen entstehen. Auch anhand des Erstarrungsortes können Magmatide in drei Klassen eingeteilt werden. Plutonite sind tief unter der Oberfläche erstarrte Gesteine, Ganggesteine sind nahe der Oberfläche erstarrt, Vulkanite sind an der Erdoberfläche nach Vulkanausbrüchen erstarrte Gesteine. Je nach Erstarrungsort und Kieselsäuregehalt haben die Gesteine bestimmte Bezeichnungen. Die folgende Tabelle gibt einen Überblick:

Erstarrung als	basisch (unter 52% Kieselsäure)	intermediär (52% - 65% Kieselsäure)	sauer (über 65% Kieselsäure)
Vulkanit	Basalt	Andesit	Rhyolith
Ganggestein	Basalt	—	Granophyr
Plutonit	Gabbro	Diorit	Granit

In Island ist Basalt die dominierende Gesteinsart. Flüssiger Basalt weist im Vergleich zu kieselsäurereichen Magmatiden eine geringe Viskosität auf und kann hohe Fließgeschwindigkeiten erreichen. Oft bildet sich an der Oberfläche eine dünne, aber noch nicht vollständig erstarrte Erkaltungsschicht. Sie kann durch darunter weiter fließendes Material zu Wülsten zusammengeschoben werden. So bildet sich Stricklava als typische Oberflächenform.

Stricklava

Eine weitere häufige Basaltvariante sind Basaltsäulen. Sie entstehen, wenn eine größere Basaltmasse langsam und gleichmäßig abkühlt. Dabei zieht sich die Masse zusammen und es entstehen Spannungen im bereits erstarrten Gestein. Sie führen schließlich zur Bildung von Rissen, die sich mit fortschreitender Abkühlung immer weiter im Gestein fortpflanzen. Auf diese Art bilden sich Basaltsäulen, die meistens sechseckig sind. Die Basaltsäulen am Wasserfall Svartifoss und am Strand Reynisfjara sind bekannte Beispiele.

Basaltsäulen im Breiðafjörður

Durch Erosion und durch die Brandung kann Basalt immer weiter zerkleinert werden. Viele Strände in Island sind deshalb schwarz – sie bestehen aus Basaltsand und kleinen glatt polierten, runden Basaltstücken ❷. Wegen des relativ hohen Eisengehalts sind Sand und Basaltkiesel oft magnetisch.

Basaltsand am Reynisfjara

Bei schlagartiger Abkühlung von basaltischer Lava durch Kontakt mit Wasser oder Eis können sich keine größeren kristallinen Strukturen bilden, es entsteht ein glasartiges Material. Im Zusammenspiel mit Wasser entstehen im Laufe der Zeit Tonminerale und Zeolithe, die Gesteinsfragmente zementieren. Das daraus entstehende Palagonit ist relativ weich und kann zu bizarren Formen verwittern. In Island sind vor allem während der Eiszeit bei Ausbrüchen unter dem Gletschereis ganze Bergketten aus diesem auch als Palagonittuff ❸ bezeichneten Gestein entstanden.

Palagonittuff im Kerlingardalur

Die zweite häufige Gesteinsart auf Island ist Rhyolith. Größere Rhyolithgebiete bilden oft farbenfrohe Landschaften. Ein bekanntes Beispiel ist das Gebiet von Landmannalaugar ❹. Bei schlagartiger Abkühlung von wasserarmer rhyolithischer Schmelze entsteht ein glasartiges Material. Es wird als Obsidian bezeichnet und ist ebenfalls in Landmannalaugar zu finden.

Rhyolithgebiet Landmannalaugar

Enthält eine saure Schmelze mehr als etwa 4% Wasser und Gase, bläht sie sich durch die Ausdehnung der Gase zu Bimsstein auf. Bimsstein ist durch die Poren extrem leicht und meistens auch deutlich heller gefärbt, als kompakte Lava gleicher chemischer Zusammensetzung. Große mit Bimsstein bedeckte Flächen gibt es rund um die Vulkane Hekla ❺ und Askja ❻.

Bimssteingebiet unterhalb des Vulkans Hekla

Ignimbrite, Schlotfüllungen und Intrusivkörper

Bei sehr hoher Viskosität der Gesteinsschmelze können massige Lavadome aus dem Förderschlot eines Vulkans in die Höhe geschoben werden. Aus diesen Stoßkuppen werden dann mitunter nadelähnliche Felsen herausgepresst. Durch das sehr langsame Fortschreiten der Eruption kommt es weiter innen im Förderschlot zu einer starken Druckerhöhung durch vulkanische Gase, die nicht entweichen können. Die Druckentlastung und die darauffolgende Explosion geschieht oft an Schwachstellen der Stau- und Stoßkuppen, wodurch die Kraft der Eruption zur Seite gerichtet sein kann. Durch die meist sehr rasche Druckentlastung bei der Explosion bildet sich eine Suspension von glühenden Materialien aller Größen in den sich ausdehnenden Gasen, eine sogenannte Glutwolke (pyroklastische Wolke). Diese Mischung ist so schwer, dass sie nicht wie eine normale Eruptionswolke nach oben steigen kann, sondern der Landschaftsoberfläche folgt. Meistens fließt sie wie eine glühende Lawine mit großer Geschwindigkeit (bis 500 km/h) die Hänge des Vulkans hinunter. Das Material der Glutwolken bildet später massige Lagen aus in der Mitte verschweißten und zu den Rändern hin eher lockeren Gesteinsbruchstücken. Dieses Gestein wird als Ignimbrit bezeichnet. Auf Island sind nur wenige rezente Beispiele für Glutwolken bekannt, u.a. vom Ausbruch des Öræfajökull 1362. Der tertiäre Skessa-Ignimbrit ❼ in Ostisland kann vom Gebiet des Reyðarfjörður bis zum Berufjörður verfolgt werden.

Geologie

Skessa-Ignimbrit im Berufjörður

Ein großer Teil der Magmen erstarrt als Intrusion unter der Erdoberfläche. Die größten, zumeist aus sauren Gesteinen bestehenden Intrusivkörper werden Batholithe genannt. Ihre Form ist oft unregelmäßig, die Nebengesteine sind stark metamorph und von Adern des Intrusivgesteins durchsetzt. Die größten Batholithe haben Durchmesser von mehreren hundert Kilometern. Neben der einfachen vertikal nach oben gerichteten und seitlichen Verdrängung von aufliegendem Gestein wurde oft auch ein Teil des Deckgesteins inkorporiert. Einige kleinere Batholithe sind auch auf Island bekannt. Die größten davon sind die Gabbrointrusionen von Eystrahorn und Vestrahorn ❽ im Südosten des Landes.

Gabbrointrusion Vestrahorn

Lakkolithe sind wesentlich kleinere Intrusivkörper als Batholithe, ihr Umfang liegt im Bereich von einigen hundert Metern. Sie sind als kuppelartige Gebilde in bestehende Gesteinsformationen eingedrungen und haben die aufliegenden Gesteine aufgewölbt. Eines der bekanntesten Beispiele für einen Lakkolith ist der Sandfell zwischen dem Fáskrúðsfjörður und dem Stöðvarfjörður in Ostisland. Der Sandfell ❾ besteht aus Rhyolith, die umgebenden Berge aus Basalt.

Sandfell Lakkolith

Gänge sind plattenförmige, meist steil gestellte Gesteinskörper, die oft im rechten Winkel zu den Strukturen ihres Nebengesteins stehen. In Island haben sie meist geringe Mächtigkeiten von 1-2 m. Die Kontaktzonen von Gängen zum Nebengestein sind oft glasig ausgebildet. Bei den meisten Gängen handelt es sich um Zufuhrgänge von Lava. Die Mehrzahl der isländischen Gänge ist basaltisch, es sind jedoch auch einige rhyolithische Gänge bekannt.

Ganggestein

Schlotfüllungen sind zylindrisch oder elliptisch geformte Magmakörper, die durch ihre Härte der Erosion besser Widerstand leisten und daher übrigbleiben, wenn der Rest des Vulkans schon vollständig abgetragen ist. Eine ganze Kette von sauren Schlotfüllungen bildet markante Gipfel zwischen dem Berufjörður und dem Breiðdalur in Ostisland ❿. Auch bei vielen markanten Felsentürmen und -nadeln entlang der Küste handelt es sich um Schlotfüllungen.

Schlotfüllung (Lóndrangar auf Snæfellsnes)

Vulkantypen

Schildvulkane

Schildvulkane entstehen, wenn sehr dünnflüssige Lava gefördert wird. Das Material verteilt sich schnell im Umkreis der Ausbruchsstelle. Es verläuft bildlich gesprochen zu einem Pfannkuchen und nur sehr langsam bildet sich ein flacher, schildartiger Berg. Die Hangneigung beträgt meistens unter 8°. Isländische Schildvulkane, wie der Skjaldbreiður ⓫ nördlich des Þingvallavatn, haben oft einen Basisdurchmesser von mehr als 20 km und erreichen Höhen von mehr als 1.000 m.

Eine kleinere Version dieses Vulkantyps wird im isländischen als Eldborg (Feuerburg) bezeichnet. Solche Lavaringwälle sind durch eine schüsselförmige Erhebung in der Mitte des Schildes gekennzeichnet. Ein schönes Beispiel ist der Krater Eldborg ⓬ auf der Halbinsel Snæfellsnes.

Schildvulkan Skjaldbreiður

Eldborg (Halbinsel Snæfellsnes)

Schlackenkegel

Ein Schlackenkegel bildet sich, wenn bei einem Ausbruch Lava mehrere hundert Meter in die Höhe geschleudert wird und dann in der Nähe der Ausbruchsstelle wieder zu Boden fällt. Die einzelnen Lavabrocken sind meist schon erkaltet, wenn sie wieder auf dem Boden auftreffen. Im Laufe des Ausbruchs entsteht rund um die Eruptionsstelle ein Kegel aus aufgeschichteten Schlacken. Sind die Schlackestücke beim Auftreffen auf dem Boden noch nicht erkaltet, werden sie durch den Aufschlag breitgedrückt und mit anderen Schlackestücken verschweißt. Solche Schlacken nennt man Schweißschlacken. Der beim großen Ausbruch von 1973 auf Heimaey neu entstandene Eldfell ❸ ist ein Beispiel für Schlackenkegel aus neuerer Zeit, ebenso die Schlackenkegel im Kraflagebiet ❹ nahe des Myvatn (1975 - 1984), am Eyjafjallajökull (2010) ❺ und im Lavafeld Holuhraun (2014).

Geologie

Schlackenkegel im Kraflagebiet

Eruptionsspalten

Spalteneruptionen sind eine für Island typische Ausbruchsform. Zunächst tritt entlang einer oft mehrere Kilometer langen Spalte Lava aus. Die Auswurftätigkeit konzentriert sich dann im Laufe des Ausbruchs auf einzelne Stellen der Spalte und dort entstehen Kegel, die schließlich eine Kraterreihe bilden. Ein bekanntes Beispiel für eine Kraterreihe ist die Lakispalte 16 im Süden Islands zwischen dem Mýrdalsjökull und dem Vatnajökull. Auf einer Länge von rund 25 km sind im Jahr 1783 über 100 Krater entstanden. Auch der Ausbruch des Vulkans Holuhraun 17 von September 2014 bis Februar 2015 war eine Spalteneruption.

Eruptionsspalte Holuhraun

Link zu YouTube: Vulkanausbruch Holuhraun:

Stratovulkan

Stratovulkane zeigen die typische Kegelform. Sie bilden sich im Laufe der Jahrhunderte durch Ablagerung immer neuer Asche- und Lavaschichten rund um den zentralen Schlot. Auf Island gibt es nur wenige Stratovulkane, der bekannteste dürfte der Snæfellsjökull ⑱ im Westen des Landes sein. Die Hekla ist kein Stratovulkan im eigentlichen Sinne. Nur vom Süden her betrachtet zeigt sie die typische Kegelform, vom Westen her gleicht sie einem umgekippten Ruderboot. Der Vulkanrücken der Hekla entstand durch wiederholte Ausbrüche entlang einer Spalte.

Stratovolkan Snæfellsjökull

Aschenkrater und Maare

Aschenkrater und Maare entstehen, wenn Grundwasser in die Magmakammer unter einem Vulkan gelangt. Das Wasser wird zu Dampf und es entsteht ein sehr hoher Druck. Durch den hohen Druck wird beim Ausbruch die Füllung des Förderschlotes zertrümmert. Ist der Druck nicht zu hoch, fallen die entstandenen Lockerprodukte (vor allem Bimsstein) nahe der Ausbruchstelle zu Boden und bilden einen Aschenkrater. Ein schönes Beispiel ist der Hverfjall ⑲ am Mückensee.

Ist der Druck im Förderschlot groß genug, wird der Schlot bis unter den Grundwasserspiegel ausgeräumt. Der Krater kann sich nach dem Ende des Ausbruchs mit Wasser füllen. Maare wie das Ljótipollur ⑳ bei Landmannalaugar zeugen von solchen Ausbrüchen.

Geologie

Aschenkrater Hverfjall (Mývatn)

Maar Ljótipollur

Subglaziale Vulkane

Als subglaziale Vulkane werden Vulkane bezeichnet, die unter einem Gletscher liegen. Über der Ausbruchsstelle wird dabei das Eis geschmolzen. Wenn der Wasserdruck hoch genug ist, können die Gase kaum aus der Lava entweichen, es bildet sich sofort eine Erstarrungskruste. Die dabei entstehende Kissen- oder Pillowlava kann sich zu Pillowrücken wie dem Sigalda **21** in Südisland aufschichten. Wächst der Rücken durch andauernde Eruptionen immer weiter, sinkt im Laufe der Zeit auch der Wasserdruck. Gase können jetzt entweichen und das entstehende Bimsgestein und andere Lockerprodukte lagern sich auf dem Pillowlavarücken ab. Im Laufe der Zeit entsteht so ein Palagonitrücken wie der Kálftindar **22** östlich des Þingvallavatn. Gelingt es dem Vulkan schließlich, die Wasseroberfläche zu durchbrechen, kann Lava ruhig ausfließen und auf dem Palagonitrücken entsteht im Laufe der Zeit ein kleiner Schildvulkan. Derartige Ausbrüche haben auch während der letzten Eiszeit immer wieder stattgefunden. Nachdem das Eis abgeschmolzen war, blieben Tafelberge wie die Herðubreið **23** zurück.

Tafelvulkan Herðubreið

Pseudokrater

In Island überfließen Lavaströme oft feuchten Untergrund. Der dabei entstehende Dampf sammelt sich zunächst unter der Lava und durchbricht schließlich in Explosionen die Lavadecke. Dabei wurden kraterförmige Öffnungen in die Lavadecke gesprengt. Die entstehenden Krater standen nie mit einer Magmakammer in Kontakt und haben auch nie selbst Lava gefördert. Sie werden deshalb als Pseudokrater bezeichnet. Eine Vielzahl von Pseudokratern liegt am Südufer des Mückensees bei Skútustaðir **24**.

Pseudokrater bei Skútustaðir

Caldera

Nach größeren Vulkanausbrüchen kann die Magmakammer unter einem Vulkan teilweise geleert sein und das darüber liegende Gestein senkt sich in die Hohlräume ab. An der Oberfläche kann sich so eine schüsselförmige Senke bilden, die man als Einsturzcaldera bezeichnet. Oft füllt sie sich mit Wasser. Ein bekanntes Beispiel für eine Einsturzcaldera ist in Island der See Öskjuvatn im Gebiet des Vulkans Askja. Der See entstand in seiner heutigen Form nach dem Askjaausbruch von 1875 und ist mit 220 m einer der tiefsten Seen Islands.

Vítikrater (Askja)

Dimmuborgir

Östlich des Mückensees liegen die Lavaformationen von Dimmuborgir (Dunkle Burgen). Sie entstanden vor etwa 2.000 Jahren, als bei einem Vulkanausbruch Lava über ein Sumpfgebiet floss. An der Lauffront der Lava kühlte das Gestein ab und bildete einen Damm, hinter dem sich ein kochender Lavasee aufstaute. An der Oberfläche des Lavasees entstand eine feste Kruste, während das unter der Lava eingeschlossene Wasser des Sumpfgebietes zu Dampf wurde. Der Dampf suchte sich einen Weg nach oben und entlang der Aufstiegswege erstarrte die Lava ebenfalls. Es bildeten sich Kamine und Mauern aus erstarrter Lava, die von flüssigem Gestein umgeben waren. Schließlich brach der Lavadamm und die restliche noch nicht erstarrte Lava konnte abfließen, während die bereits erstarrten Kamine und Wände zurückblieben. Die feste Kruste an der Oberfläche des Lavasees brach zum größten Teil ein, nachdem die flüssige Lava abgeflossen war. Zurück bleiben die bizarren Felsformationen von Dimmuborgir.

Link zu YouTube | Trolls of Iceland:

Lavaformationen in Dimmuborgir

Hochtemperaturgebiete und Niedrigtemperaturgebiete

Geothermalgebiete werden abhängig von den Temperaturverhältnissen in Hochtemperatur- und Niedrigtemperaturgebiete eingeteilt. Geologen haben sich auf eine Temperatur von 150 °C in 1.000 m Tiefe als Scheide zwischen Hoch- und Niedrigtemperaturgebieten geeinigt. Hochtemperaturgebiete liegen in Island praktisch ausschließlich in der aktiven Vulkanzone, während Niedrigtemperaturgebiete wie das Haukadalur außerhalb dieser Zone liegen. Thermalwässer in Niedrigtemperaturgebieten haben im allgemeinen basischen Charakter, das Wasser ist weich und seifig (z.B. Blesiquelle). Um die Quellen bilden sich oft Sinterablagerungen. Das Wasser der heißen Quellen ist meistens klar und der Geruch nach Schwefelwasserstoff ist in der Umgebung der Quellen nur mäßig.

Hochtemperaturwässer sind durch schweflige Säure und Schwefelsäure sauer und zersetzen den Boden in ihrer Umgebung zu schmierigem Schlamm. Sie sind durch bunte Mineralienablagerungen und kochende Schlammtümpel gut erkennbar. Der Geruch nach Schwefelwasserstoff kann ziemlich intensiv sein. Die heißen Quellen östlich des Myvatn ㉕ und auf der Halbinsel Reykjanes ㉖ sind Beispiele für Hochtemperaturgebiete.

Link zu YouTube | Flug über Krysuvik:

Kochende Schlammtöpfe im Hochtemperaturgebiet Námaskarð

In eher trockenen Thermalgebieten wird das im Untergrund vorhandene Wasser zu Dampf. An der Oberfläche gibt es dann keine heißen Quellen, sondern nur Dampfaustrittstellen. Sie werden als Fumarolen bezeichnet. Enthält der Dampf einen hohen Anteil von Schwefelverbindungen, spricht man von Solfataren. Schwefelwasserstoff wird hier oft zu Schwefel und schwefliger Säure oxidiert und zersetzt das umgebende Gestein. So bilden sich im Laufe der Zeit auch die kochenden Schlammtöpfe, die für Hochtemperaturgebiete typisch sind.

Solfataren im Hochtemperaturgebiet Námaskarð

Geysire

Viele Besucher verbinden Island mit Geysiren und heißen Quellen. Das bekannteste Heißquellengebiet liegt im Haukadalur im Südwesten des Landes. Vor allem der Große Geysir ㉗, Namensgeber aller Springquellen, ist berühmt.

Der Große Geysir war über Jahrhunderte aktiv, bereits 1294 wurde er erstmals erwähnt. Analysen der Sinterablagerungen um das Geysirbecken deuten darauf hin, dass die Springquelle etwa 10.000 Jahre lang aktiv war. Einmal pro Stunde wurde eine 60 m hohe Wasser- und Dampffontäne in die Höhe geschleudert. Anfang des 20. Jahrhunderts erloschen die Ausbrüche, vermutlich infolge geänderter Grundwasser- und Erdwärmeverhältnisse nach Erdbeben. Seit dem Jahr 2000 zeigen sich gelegentlich wieder leichte Aktivitäten, die vermutlich ebenfalls die Folge von Erdbeben sind.

Der Eruptionsmechanismus der Geysire wurde vom deutschen Chemiker Robert Bunsen bereits 1846 ergründet. Wie er feststellte, hat das Wasser im Geysirschacht

Geologie

Wasserblase vor dem Ausbruch des Geysirs Strokkur   Ausbruch des Geysirs Strokkur

an der Oberfläche eine Temperatur von 85 °C – 90 °C. In 20 m Tiefe erreicht das Wasser eine Temperatur von über 125 °C. Wegen des hydrostatischen Drucks der aufliegenden Wassersäule kocht das Wasser in der Tiefe aber bei dieser Temperatur noch nicht. Im oberen Bereich des Schachtes erreicht das Wasser Temperaturen von 100 °C. Da hier der hydrostatische Druck geringer ist, bilden sich ab einer kritischen Temperatur Dampfblasen, das Wasser beginnt zu sieden. Durch die Dampfblasen verringert sich auch der Druck in der Tiefe des Schachtes. In einer Art Kettenreaktion bilden sich dann schlagartig im gesamten Schacht Dampfblasen, der Geysir bricht aus und schleudert ein Gemisch aus Dampf und Wasser in die Höhe.

Links zu YouTube:

Geysirausbruch aus der Luft: Ausbrüche des Geysirs Strokkur:

Wenige Meter neben dem Großen Geysir liegt der Geysir Strokkur (Butterfass). Er ist noch aktiv. Im Abstand von 2 bis 20 Minuten bildet sich eine 20 m hohe Fontäne. Unmittelbar vor dem Ausbruch, der nur wenige Sekunden dauert, zeigt sich über dem Schacht eine blaue Glocke aus Wasser.

Interessant sind neben den Geysiren auch die vielen anderen heißen Quellen, die in unmittelbarer Umgebung liegen. Die Quelle Blesi besteht aus zwei unmittelbar nebeneinanderliegenden Töpfen. Während das Wasser in einem der Quelltöpfe eine Temperatur von 100 °C hat und klar ist, liegt die Temperatur im zweiten Quelltopf bei etwa 50 °C. Das Wasser ist durch winzige Kieselsäurepartikel, die das Licht brechen, tiefblau gefärbt. Im heißen Wasser des anderen Topfes ist die Kieselsäure vollständig gelöst, das Licht wird nicht gebrochen und das Wasser erscheint klar.

Blesi Quelle im Haukadalur

Lavahöhlen

Lavahöhlen bilden sich, wenn bei einem Vulkanausbruch ein Strom aus dünnflüssiger Lava bergab fließt. Die Lava erkaltet an der Oberfläche des Lava Stroms und bildet eine feste Decke. Unter dieser Deckschicht bleibt die Lava weiter flüssig und fließt wie in einer Pipeline.

Geht der Vulkanausbruch irgendwann zu Ende, wird der Nachschub an flüssiger Lava unterbrochen. Die noch flüssige Lava kann aus der entstandenen Röhre abfließen und eine Höhle bleibt zurück. An manchen Stellen ist die Decke sehr dünn und es entstehen Einbrüche. Lavahöhlen haben teilweise die Ausmaße eines Eisenbahntunnels und an vielen Stellen gibt es bizarre Felsformationen und von Mineralien intensiv gefärbte Wände.

Eine Besonderheit sind Lavahöhlen vom Eiskeller Typ. Bei ihnen liegen alle Ausgänge über dem eigentlichen Niveau der Höhle. Im Winter sammelt sich kalte, schwere Luft in der Höhle und hält sich bis weit in den Sommer. Schmelzwasser kann im Frühling durch die poröse Decke in die Höhle gelangen und gefriert dort zu bizarren Eisformationen.

Die Lavahöhlen Viðgelmir ㉘, Raufarhólshellir ㉙ und Vatnshellir ㉚ sind erschlossen und können ganzjährig besucht werden.

Lavahöhle Surtshellir mit Eisformationen

Rohstoffe in Island

Obwohl Island praktisch komplett aus vulkanischem Gestein besteht, ist es arm an Rohstoffen. Im Gebiet des Vulkans Hekla wird Bimsstein abgebaut. Er wird als Zuschlagstoff in der Bauindustrie verwendet und zu Scheuermitteln verarbeitet.

In den Ostfjorden wurde vor einigen Jahrzehnten Doppelspat abgebaut. Er war wegen seiner Reinheit sehr gefragt und wurde für die Herstellung optischer Instrumente benötigt. Nachdem man andere Materialien entdeckt hatte, die den gleichen Zweck erfüllten, wurde der Abbau von Doppelspat eingestellt.

Kleinere Mineralienbrocken werden in den Flüssen durch die kräftige Strömung oder im Tosbecken unter Wasserfällen oft rundlich abgeschliffen und poliert. Hansekaufleute aus Djupivogur hielten sie für Perlen und diesem Irrtum verdanken die Perlufossar (Perlenwasserfälle) im Fluß Berufjarðará an der Passstraße Öxi ihren Namen. Zu dieser ganzen Reihe von Wasserfällen gehören u.a. der Folaldafoss und der Hænubrekkufoss.

Anfang des 20. Jahrhunderts gab es Versuche, Gold zu fördern. Sie waren wirtschaftlich nicht erfolgreich und wurden bald beendet. Gold könnte aber vielleicht in naher Zukunft vor der Küste der Halbinsel Reykjanes gefördert werden. Rund um eine Thermalquelle am Meeresboden wurden Ablagerungen mit einem sehr hohen Goldgehalt entdeckt. Derzeit wird nach technischen Möglichkeiten für die Förderung gesucht. Auch an Land sollen potentielle Lagerstätten erkundet werden.

In den älteren Landesteilen Islands sind zwischen Lavaschichten dünne Schichten Braunkohle eingeschlossen. In Ostisland sind sie z.B. am Wasserfall Hengifoss **31** deutlich zu sehen. Die Braunkohle bildete sich vor über 10 Millionen Jahren zu einer Zeit, als das Klima deutlich milder war. Ein Abbau der Kohlevorkommen ist wirtschaftlich nicht interessant.

Wasserfall Hengifoss

Vorhersage von Vulkanausbrüchen

Vulkanausbrüche kündigen sich üblicherweise durch diverse Vorzeichen an, eine zuverlässige Vorhersage ist aber nicht möglich. Vor einem Ausbruch wird oft ausgeprägte seismische Aktivität im Bereich eines Vulkans registriert. Wenn sich die Magmakammer füllt oder Magma nach oben steigt, kommt es zu leichten Erdbeben, die mit Meßgeräten (Seismographen) registriert werden können. Der steigende Druck im Inneren eines Vulkans führt vor einem Ausbruch auch oft zu Deformationen an der Erdoberfläche. Sie können ebenfalls mit entsprechenden Geräten (z.B. GPS) gemessen und verfolgt werden. Ein weiteres Warnzeichen vor Ausbrüchen ist der verstärkte Austritt von Gasen in Hochtemperaturgebieten oder die Änderung ihrer Zusammensetzung.

Vor allem mit seismischen Messungen und GPS-Daten konnten die beiden letzten größeren Ausbrüche in Island (Eyjafjallajökull 2010 und Holuhraun 2014) relativ genau vorhergesagt werden.

Liste der Ausbrüche:

2014-2015: Holuhraun (Bárðarbunga)
2011: Grimsvötn (Vatnajökull)
2010: Fimmvörðuháls und Eyjafjallajökull
2004: Grimsvötn (Vatnajökull)
2000: Hekla
1998: Grimsvötn (Vatnajökull)
1996: Gjálp (Vatnajökull)
1991: Hekla
1984: Krafla
1983: Grimsvötn (Vatnajökull)
1981: Krafla (2 Eruptionen)
1981: Hekla
1980: Hekla
1980: Krafla (3 Eruptionen)
1977: Krafla (2 Eruptionen)
1975: Krafla
1973: Submarine Eruption vor den Westmännerinseln
1973: Insel Heimaey
1970: Vulkan Hekla

1963-67: Surtsey (Entstehung einer Insel)
1961: Askja
1947: Hekla
1938: Grimsvötn (Vatnajökull)
1934: Grimsvötn (Vatnajökull)
1933: Grimsvötn (Vatnajökull)
1929: Askja
1927: Askja
1926: Submarine Eruption vor Eldey
1924: Askja
1923: Askja
1922: Askja (2 Eruptionen)
1922: Grimsvötn (Vatnajökull)
1921: Askja
1918: Katla
1913: östlich der Hekla
1910: Þórðarhyrna (Vatnajökull)
1903: Þórðarhyrna (Vatnajökull)
1902: Grimsvötn (Vatnajökull)

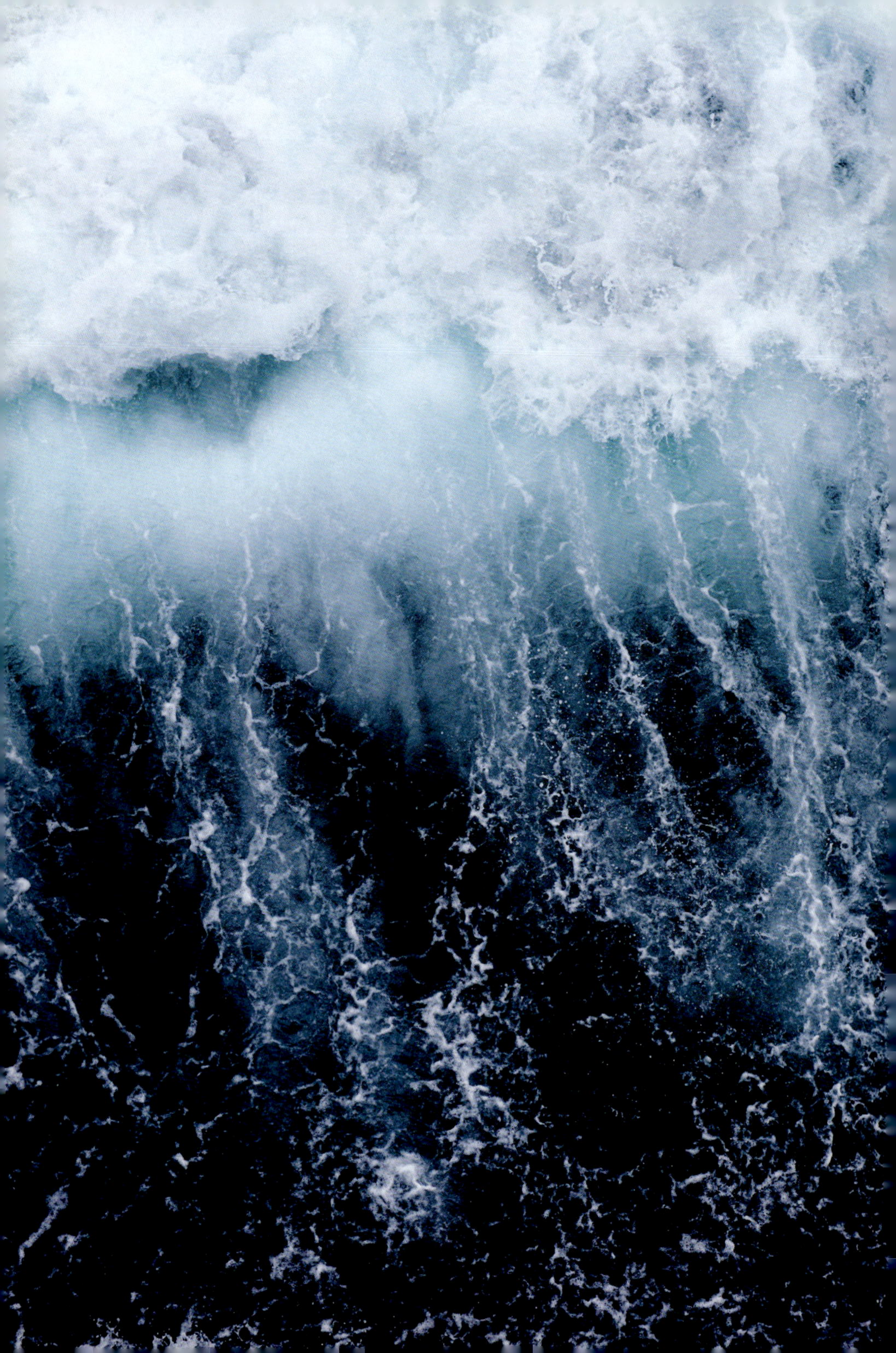

Klima und Meeresströmungen

Klima und Meeresströmungen

Island gehört zur Klimazone der Polarregion, da es weitgehend nördlich der 10 °C Juli-Isotherme liegt. Diese fiktive Linie verläuft auf der Nord- und Südhalbkugel rund um den Erdball entlang der Gebiete, in denen die langjährige Durchschnittstemperatur im Juli 10 °C beträgt.

Die Durchschnittstemperatur liegt in Island im Juli zwar unter 10 °C, das Wetter ist aber deutlich besser als sein Ruf.

Entlang der Südküste transportiert der warme Irmingerstrom (Golfstrom) Wasser aus dem Golf von Mexiko Richtung Europa, im Norden und Osten hat der kalte Ostgrönlandstrom größeren Einfluss.

Auf Höhe von North Carolina biegt der Golfstrom bei Cape Hatteras Richtung Nordosten ab und schickt pro Sekunde rund 100 Millionen Kubikmeter bis zu 30 °C warmes Wasser mit einer Geschwindigkeit von 2 Metern pro Sekunde auf die Reise Richtung Europa. Ohne den Einfluss des Golfstromes wäre es in Island um 5 °C bis 10 °C kälter.

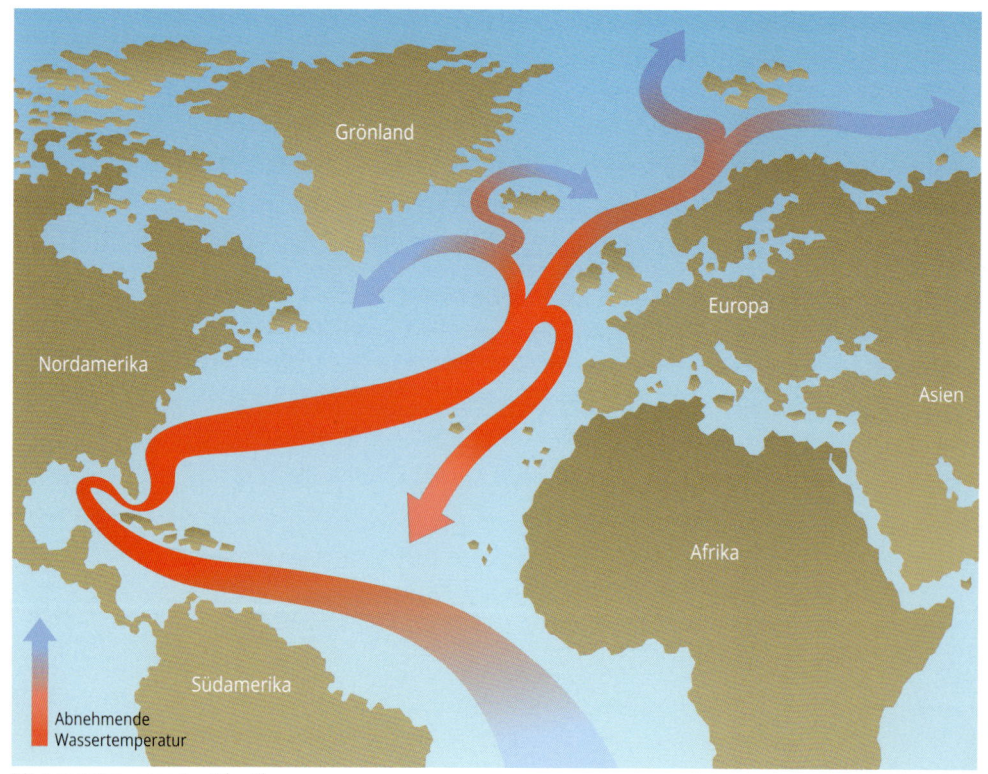

Meeresströmungen im Atlantik

Ein Vergleich der Klimadiagramme von Reykjavík und dem etwa auf gleicher geographischer Breite liegenden Kulusuk in Ostgrönland zeigt den Einfluss des Golfstroms deutlich.

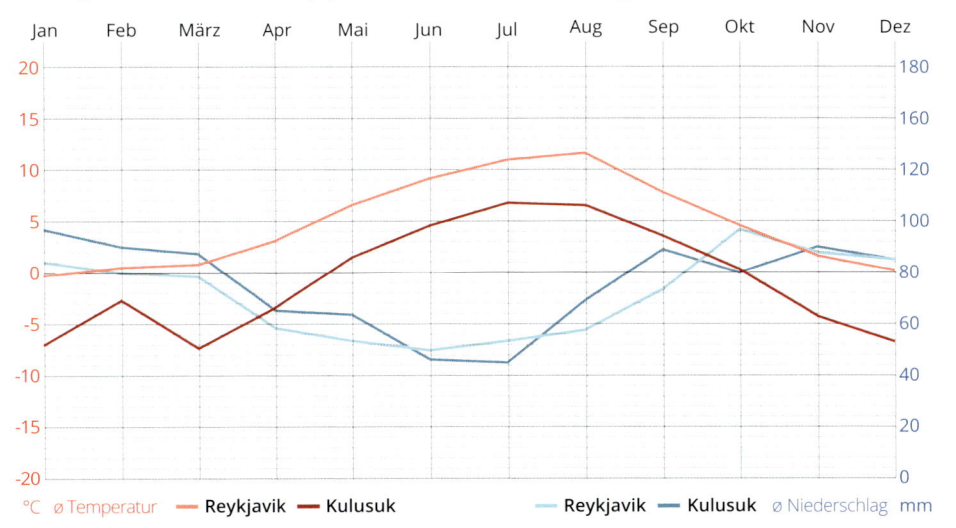

Vergleich Klimatabelle Reykjavík (Island) / Kulusuk (Ostgrönland)

Klimavergleich Reykjavík – Ostgrönland (Kulusuk)

Die Meeresströmungen sind mit entsprechenden Luftmassen gekoppelt, die über Island zusammentreffen. Vom Südwesten her strömt feucht-warme Luft nach Osten, vom Nordwesten her trocken-kalte Luft. Das Aufeinandertreffen dieser Luftströmungen sorgt für sehr wechselhaftes Wetter. Verläuft die Grenze zwischen den Luftmassen im Süden, so herrscht trockenes, kaltes Wetter im ganzen Land vor. Verläuft die Grenze in der Landesmitte, herrscht im Norden kühles aber trockenes Wetter, im Süden ist es regnerisch und recht mild. Relativ hohe Temperaturen herrschen, wenn die Grenze zwischen den Luftmassen im Norden des Landes verläuft. Im südlichen Teil des Landes fallen dann oft ergiebige Niederschläge.

Neben den Luft- und Meeresströmungen haben auch die Gletscher maßgeblichen Einfluss auf das Klima. Im Süden des Vatnajökull fallen an einigen Stellen bis zu 4.000 mm Niederschlag pro Jahr. Hier steigen die feuchtwarmen Luftmassen am Südrand des Gletschers nach oben, kühlen dabei ab und verlieren Feuchtigkeit. Die trockene Luft sinkt nördlich des Gletschers wieder nach unten. Die Niederschläge liegen nördlich des Vatnajökull in weiten Gebieten unter 450 mm pro Jahr und in Verbindung mit wenig wasserhaltefähigem Boden konnte eine Wüste (Missetäterwüste) entstehen.

Über das Jahr hinweg gesehen ist das Klima sehr ausgeglichen, was aufgrund der Insellage nicht ungewöhnlich ist, da die Wassertemperatur des Atlantik kaum schwankt. Im Sommer hat es entlang der Küste nur selten über 20 °C, im Winter fallen die Temperaturen nur wenig unter 0 °C. Die Jahresdurchschnittstemperatur in Reykjavík liegt bei 4,7 °C (München: 8,0 °C), die durchschnittliche Niederschlagsmenge bei 860 mm (München: 930 mm). Der Hitzerekord des 20. Jahrhunderts wurde mit 30 °C gemessen, der Kälterekord mit -38 °C. Die Wassertemperatur des Atlantik liegt im Sommer an der Südküste bei 10 °C, im Winter bei 6 °C.

Zur Orientierung nachfolgend die Klimatabellen einiger Orte in Island:

	Jan	Feb	Mär	Apr	Mai	Jun	Jul	Aug	Sep	Okt	Nov	Dez
Reykjavík												
ø °C	-0,2	0,5	0,8	3,1	6,6	9,2	11	10,6	7,9	4,7	1,6	0,1
ø mm	83	80	79	59	54	50	54	58	75	96	87	84
Akureyri												
ø °C	-1,8	-1,3	-0,7	2	6	9,3	11	10,5	7,2	3,3	0,1	-1,4
ø mm	61	47	50	35	27	28	40	50	54	70	61	60
Ísafjörður												
ø °C	-1,4	-1	-0,7	1,8	5	8	9,7	9,4	6,7	3,6	0,3	-1,2
ø mm	105	99	89	67	58	59	55	75	84	122	86	98
Stykkishólmur												
ø °C	-1	-0,6	-0,3	2,1	5,3	8,4	10,2	10	7,2	3,9	1,2	-0,6
ø mm	75	75	71	53	43	42	46	58	68	93	80	72
Egilsstaðir												
ø °C	-0,9	-0,8	-0,3	1,5	4,2	7	8,8	8,6	6,9	4,1	1,1	-0,5
ø mm	122	99	103	72	71	69	80	101	118	146	107	111
Breiðdalsvík												
ø °C	-1,1	-0,7	-0,5	1,9	4,9	7,6	9,2	9	6,5	3,7	0,4	-0,9
ø mm	126	120	108	83	74	76	64	93	100	141	102	119

Die aktuelle Wettervorhersage finden Sie auf der Seite des Meteorologischen Instituts von Island unter www.vedur.is, alternativ gibt es auch eine App des Instituts für das Smartphone.

Klima und Meeresströmungen

Regenbogen – eine Folge des wechselhaften Wetters

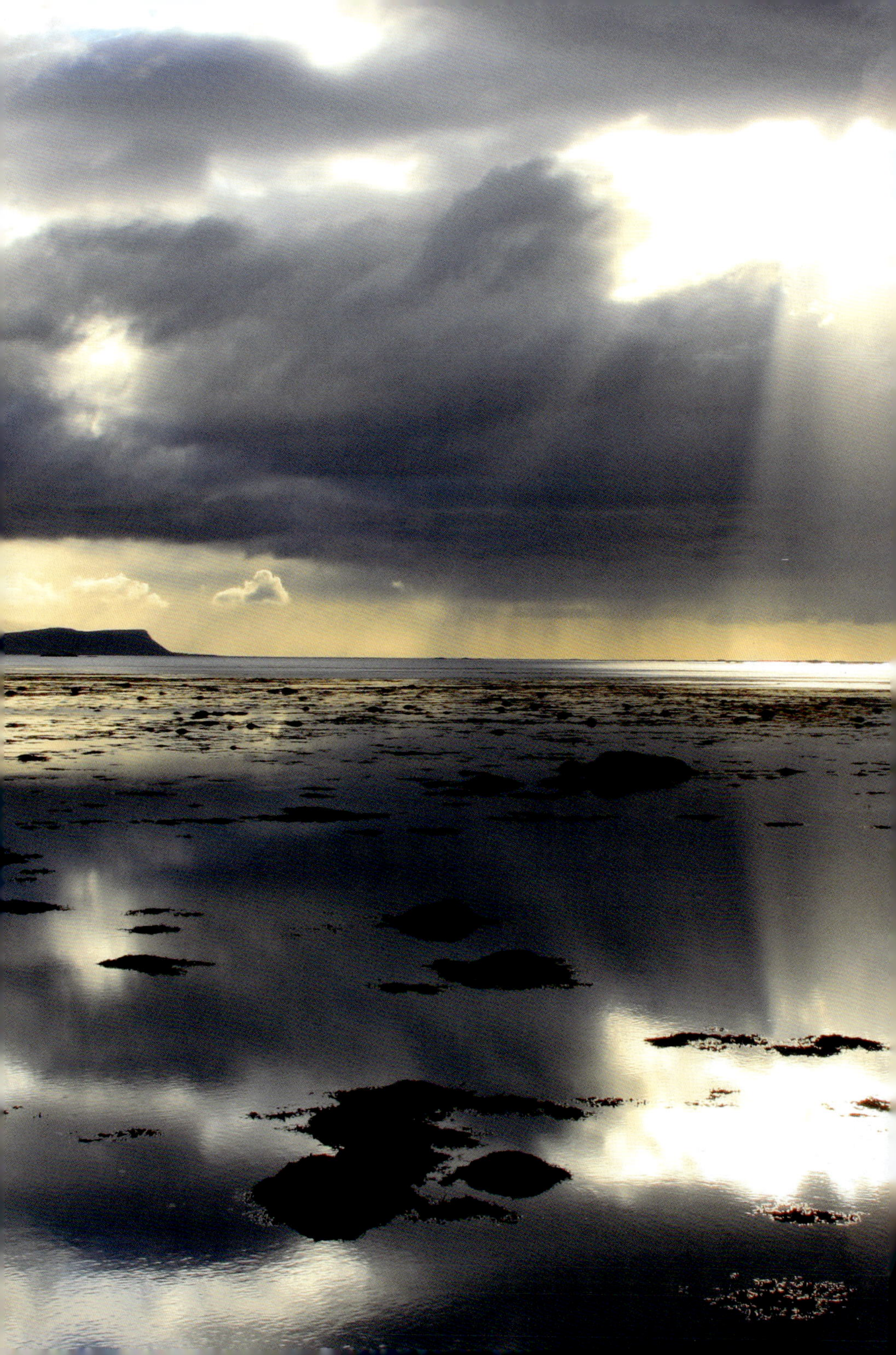

Mitternachtssonne und Polarnacht

Mitternachtssonne und Polarnacht

Zwei astronomische Phänomene der Arktis sind für viele Gäste einer der Gründe für eine Islandreise. Im Sommer versinkt die Sonne nördlich des Polarkreises während des Polartages nicht unter dem Horizont und es ist rund um die Uhr hell.

Im Winter hingegen steigt die Sonne in der Arktis nicht über den Horizont und es herrscht Polarnacht. In eher südlichen Regionen präsentiert sich der Himmel bei Dämmerlicht oft in den unglaublichsten Farben - weiter nördlich bleibt es wochenlang komplett dunkel.

21. Juni (Sommersonnenwende)

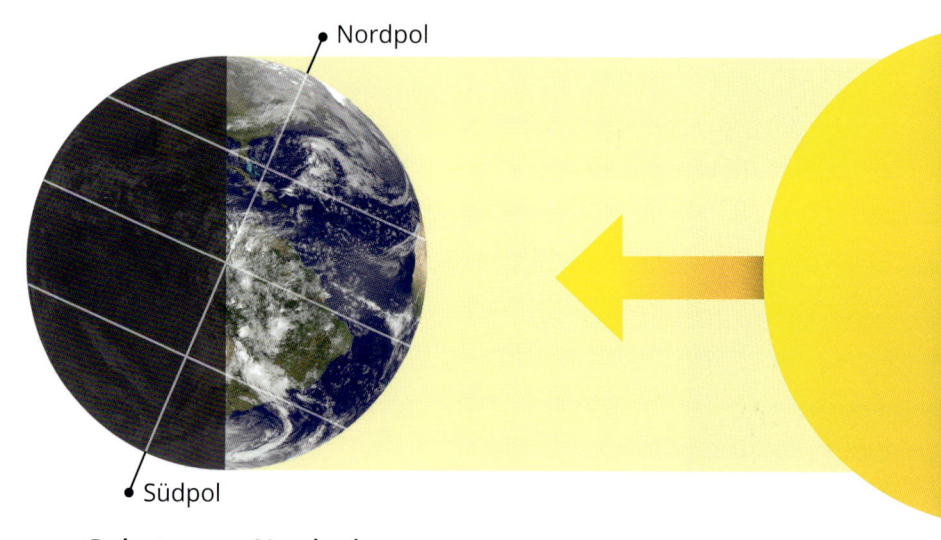

Polartag am Nordpol
Polarnacht am Südpol

Ort	Sommeranfang	Winteranfang
Reykjavík	Sonnenaufgang 02:55 Uhr Sonnenuntergang 00:03 Uhr	Sonnenaufgang 11:22 Uhr Sonnenuntergang 15:25 Uhr
Akureyri	Sonnenaufgang 01:29 Uhr Sonnenuntergang 00:58 Uhr	Sonnenaufgang 11:38 Uhr Sonnenuntergang 14:42 Uhr

Da Island komplett südlich des Polarkreises liegt, gibt es zwar keinen Polartag und keine Polarnacht, die Tage sind aber im Sommer sehr lang und es wird nachts nicht richtig dunkel. Im Winter sind die Tage dafür sehr kurz und es wird nur wenige Stunden hell.

Wie aber kommen Mitternachtssonne und Polarnacht zustande? Beide Phänomene verdanken wir der Neigung der Rotationsachse der Erde gegenüber der Ebene, die

21. Dezember (Wintersonnenwende)

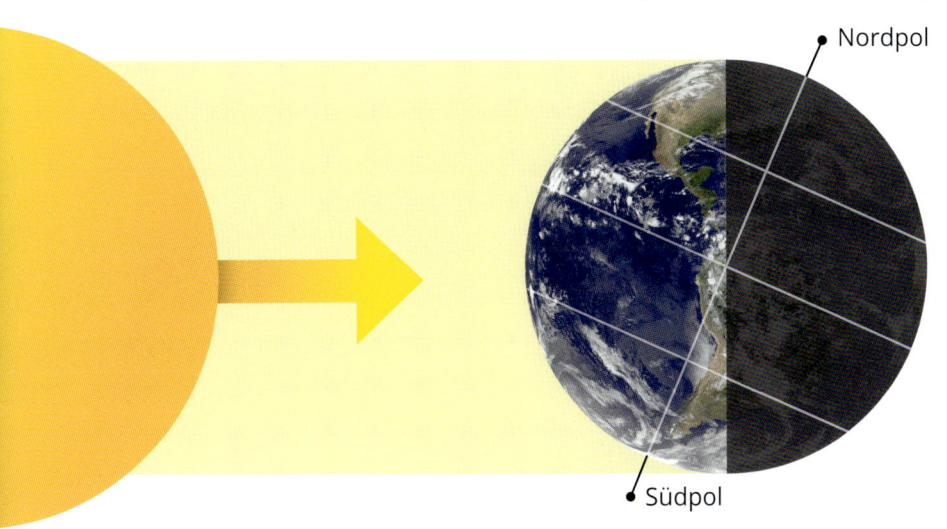

Nordpol

Südpol

**Polartag am Südpol
Polarnacht am Nordpol**

ihre elliptische Bahn um die Sonne beschreibt. Die Rotationsachse der Erde ist um 23,5° gegenüber ihrer Bahnebene geneigt. Deshalb wird am 21. Juni das gesamte arktische Gebiet nördlich des nördlichen Polarkreises (66,5° nördlicher Breite) rund um die Uhr von der Sonne beschienen, während gleichzeitig an diesem Tag das gesamte antarktische Gebiet südlich des südlichen Polarkreises (66,5° südlicher Breite) rund um die Uhr dunkel bleibt. Umgekehrt liegen die Verhältnisse am 21. Dezember. Je weiter nördlich bzw. südlich ein Gebiet liegt, umso länger dauert der Polartag und die Polarnacht.

Nordlicht-Touren

Nordlicht

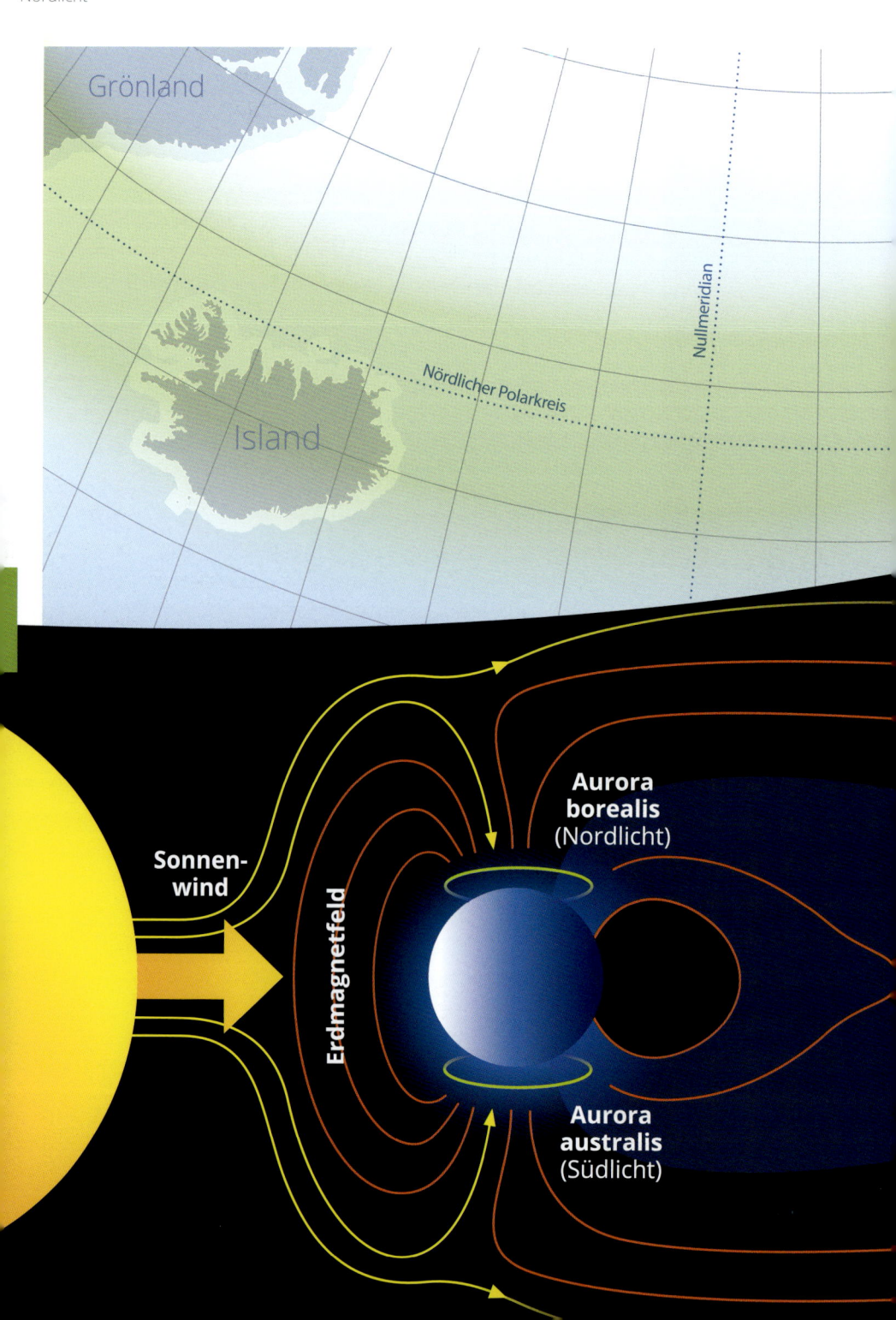

Nordlicht

Grönland

Island

Nördlicher Polarkreis

Nullmeridian

Sonnenwind

Erdmagnetfeld

Aurora borealis (Nordlicht)

Aurora australis (Südlicht)

Nordlicht

Entstehung von Nordlicht

Polarlichter sind sowohl in der Nordpolarregion, als auch in der Südpolarregion zu beobachten. Im Norden werden sie auch als Nordlicht oder Aurora borealis bezeichnet, im Süden entsprechend als Südlicht oder Aurora australis.

Polarlichter werden durch den sogenannten Sonnenwind verursacht.

1 Die Sonne stößt permanent riesige Mengen elektrisch geladener Teilchen aus, neben Elektronen und Protonen auch verschiedene Ionen. Sie bewegen sich mit mehreren hundert Kilometern pro Sekunde, die schnellsten Teilchen erreichen mit knapp 300.000 Kilometern pro Sekunde sogar fast Lichtgeschwindigkeit.

2 Treffen die elektrisch geladenen Teilchen auf das Magnetfeld der Erde, werden sie abgelenkt. Sie folgen den Magnetfeldlinien und gelangen so in die Polarregionen, wo das Erdmagnetfeld senkrecht zur Erdoberfläche steht. So können die elektrisch geladenen Teilchen den Magnetfeldlinien weiter folgend in die Erdatmosphäre eindringen und treffen dort auf die Moleküle der Luft.

3 Beim Zusammenstoß mit den Luftmolekülen geht ein Teil der Energie auf die Luftmoleküle über und sie ändern ihre Elektronenkonfiguration. Dieser Zustand ist aber instabil und die aufgenommene Energie wird von den Luftmolekülen nach kurzer Zeit in Form von Licht wieder abgegeben, ein Vorgang, den man als Floureszenz bezeichnet.

Farben von Polarlichtern

Polarlichter können in verschiedenen Farben auftreten, oft sind sie sogar mehrfarbig. Am häufigsten treten in den Polregionen grüne Polarlichter auf. Sie entstehen, wenn in einer Höhe von etwa 100 km Sauerstoffmoleküle vom Sonnenwind angeregt werden. Werden Sauerstoffmoleküle in einer Höhe von etwa 200 km angeregt, erscheint das Polarlicht rot. Rotes Polarlicht tritt gelegentlich auch in weiter südlich gelegenen Regionen auf, dort können die elektrisch geladenen Teilchen des Sonnenwindes nicht wesentlich tiefer als bis auf 200 km in die Atmosphäre eindringen.

Besonders energiereiche Teilchen des Sonnenwindes sind in der Lage, auch Stickstoffmoleküle zum Leuchten anzuregen, es entsteht blaues bis violettes Polarlicht.

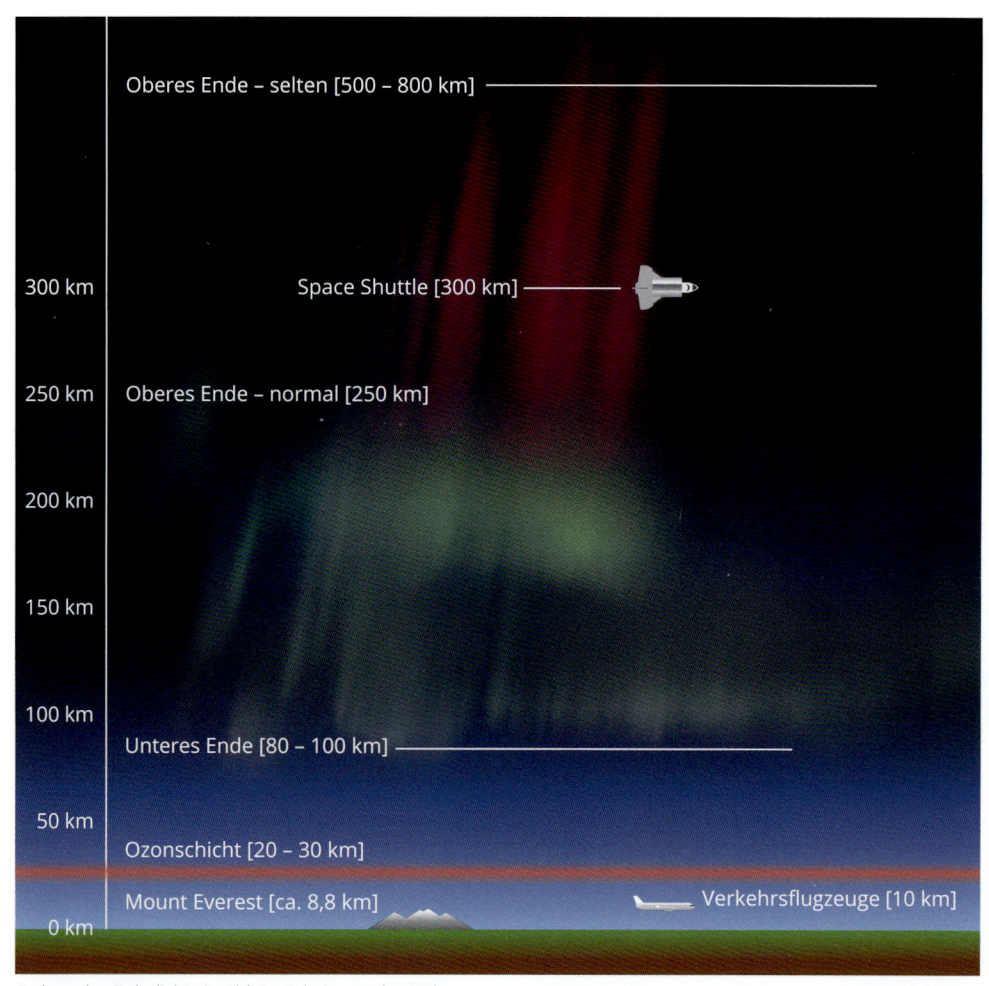

Farben des Polarlichts in Abhängigkeit von der Höhe

Form und Dauer von Polarlichtern

In Abhängigkeit vom Sonnenwind treten vier verschiedene Arten von Polarlichtern auf. Als Corona wird ein Polarlicht bezeichnet, das im Zenit auftritt, also genau über dem Beobachter. Das Polarlicht kann außerdem in Form von bewegten Vorhängen sowie in Bogenform und Bandform auftreten. Oft sind die Vorhänge oder Bänder gekrümmt und es können auch mehrere Bögen, Bänder oder Vorhänge gleichzeitig sichtbar sein.

Die Dauer eines Polarlichtes lässt sich praktisch nicht vorhersagen – es kann nur wenige Minuten aber auch viele Stunden dauern.

Vorhersage von Polarlichtern

Dank moderner Teleskope, Messeinrichtungen und Satelliten zur Sonnenbeobachtung ist es heute möglich, die Aktivität der Sonne gut zu überwachen. Bei großen Energieausbrüchen an der Sonnenoberfläche treten besonders viele elektrisch geladene Teilchen aus.

Da sie bei einer Geschwindigkeit von 500 km bis 800 km pro Sekunde mehrere Tage brauchen, bis sie die Erde erreichen, ist eine Vorhersage über zu erwartende Polarlichtaktivität für einen Zeitraum von etwa drei bis fünf Tagen möglich.

Links zu Institutionen, die Polarlichtvorhersagen im Internet veröffentlichen, sind unter www.polarlichtfotografie.de zu finden.

Beobachtung von Polarlichtern

Aufgrund ihrer Entstehung hoch in der Atmosphäre sind Polarlichter nur bei klarem Himmel zu sehen. Da sie zudem vergleichsweise lichtschwach sind, können sie nur während der Dämmerung oder nachts gesehen werden. Optimale Beobachtungsbedingungen herrschen also nachts bei wolkenfreiem Himmel und möglichst wenig Streulicht von künstlichen Lichtquellen. Je weiter man im Norden ist, umso größer sind die Chancen, unter den genannten Bedingungen tatsächlich Nordlichter zu sehen. Inzwischen werden sogar spezielle Reisen zur Beobachtung von Polarlichtern angeboten, u.a. nach Island oder auch mit den Postschiffen entlang der norwegischen Küste (www.postschiffreise.de).

Nordlicht-Links zu YouTube:

Nordlicht am Myvatn:

Nordlicht bei Akureyri:

Anzeigen

SÓLEY

mjúk
Softening body scrub with wild Icelandic herbs

NATURKOSMETIK AUS ISLAND
www.soleyshop.de

Der Islandshop im Internet

Feinkostsalze, Trockenfisch, Brennivin und viele andere Produkte...

www.islandeinkauf.de

Polarlichter fotografieren

Obwohl Polarlichter für das menschliche Auge sehr intensiv wirken können, sind sie meist doch ziemlich lichtschwach. Um sie fotografieren zu können, ist eine hohe Lichtempfindlichkeit bzw. lange Belichtungszeit notwendig. Die Automatikprogramme der meisten Kompakt- aber auch Spiegelreflexkameras sind oft völlig überfordert.

Um zu vernünftigen Polarlichtfotos zu kommen, ist neben einer Kamera mit entsprechenden Einstellungsmöglichkeiten wegen der langen Belichtungszeiten auch ein Stativ erforderlich. Man sollte seine Kamera blind bedienen können, denn es ist äußerst lästig, wenn man sich bei Dunkelheit und Kälte nicht mit den Einstellungsmöglichkeiten zurechtfindet.

Folgende Grundeinstellungen haben sich bewährt und können natürlich an die jeweiligen Gegebenheiten vor Ort angepasst werden:

- Sofern Sie mit Bildbearbeitungsprogrammen wie z.B. Adobe Lightroom® arbeiten emfiehlt sich, zusätzlich zum JPG auch im RAW-Format zu fotografieren, da hier die Bildbearbeitungsmöglichkeiten wesentlich umfangreicher sind.
- Empfindlichkeit 400 bis 800 ISO – bedenken Sie, dass die Bilder bei hoher Empfindlichkeit grobkörnig bzw. pixelig werden.
- Weitwinkelobjektiv und Stativ verwenden.
- Autofocus und Bildstabilisator ausschalten, bei Spiegelreflexkameras wenn möglich die Funktion „Spiegelvorauslösung" auf 3 Sekunden einstellen.
- Schärfe auf unendlich einstellen.
- Belichtungszeit auf 5-15 Sekunden einstellen – bei längeren Belichtungszeiten ziehen Sterne „Streifen" auf den Bildern.
- Die Blende sollte grundsätzlich möglichst weit geöffnet sein (kleiner Blendenwert, z.B. 2.8), kann aber für mehr Tiefenschärfe auch etwas geschlossen werden – das muss dann ggf. über eine längere Belichtungszeit ausgeglichen werden.
- Um Verwacklungen zu vermeiden, sollte der Selbstauslöser der Kamera oder ein Funk- bzw. Drahtauslöser verwendet werden.
- Der Akku bzw. die Batterien der Kamera sollten voll geladen sein. Lange Belichtungszeiten fressen Strom und bei Kälte kann auch der beste Akku schneller schlapp machen, als gewohnt.

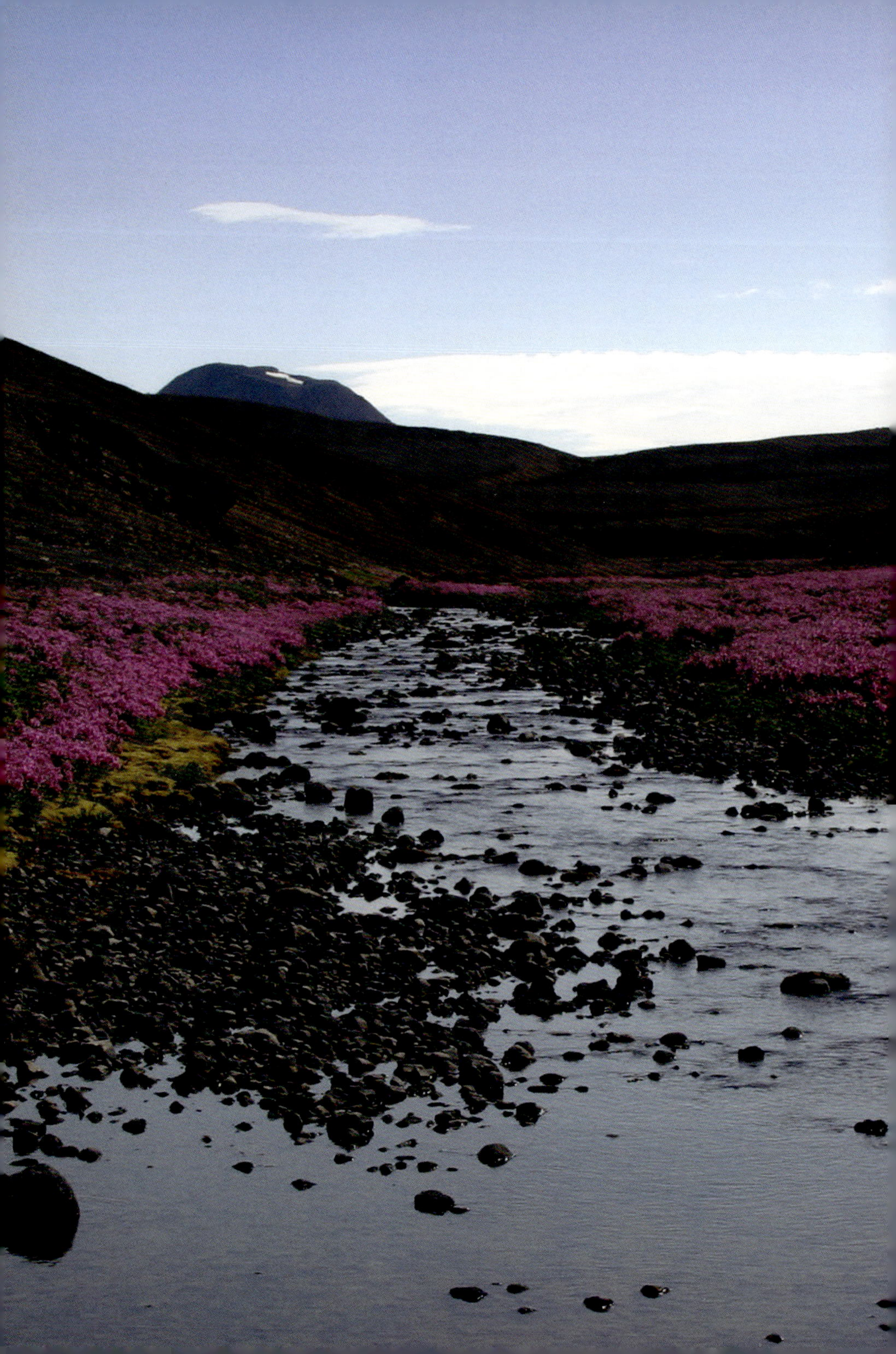

Vegetation

Vegetation in Island

Auf einer Reise rund um Island passiert man alle wesentlichen Vegetationstypen des Landes. Im Südwesten dominieren landwirtschaftlich genutzte Flächen. Ausgedehnte Lavafelder, die dicht mit Moos bewachsen sind, finden sich rund um Kirkjubæjarklaustur, während viele Gebiete südlich des Vatnajökull von vegetationsarmen

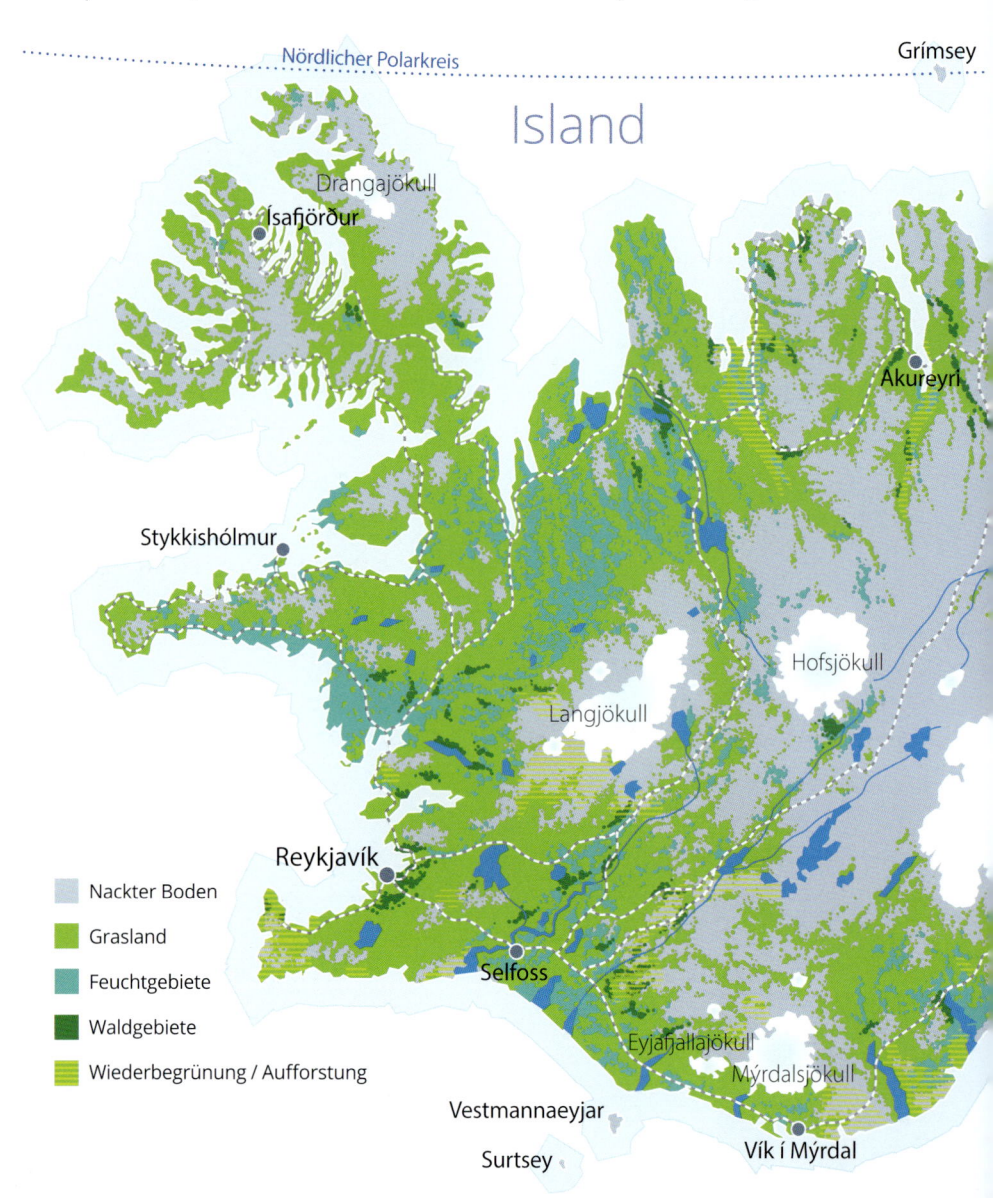

- Nackter Boden
- Grasland
- Feuchtgebiete
- Waldgebiete
- Wiederbegrünung / Aufforstung

Vegetation

Sanderflächen geprägt sind. Rund um Egilsstaðir dehnen sich die größten zusammenhängenden Waldgebiete Islands aus. Ausgedehnte Heidelandschaften finden sich im Gebiet nordöstlich des Mückensees.

Besonders im Herbst sind die Birkenwälder und Tundraflächen wegen ihrer intensiven Färbung sehenswert und tauchen die Landschaft in Rot- und Gelbtöne.

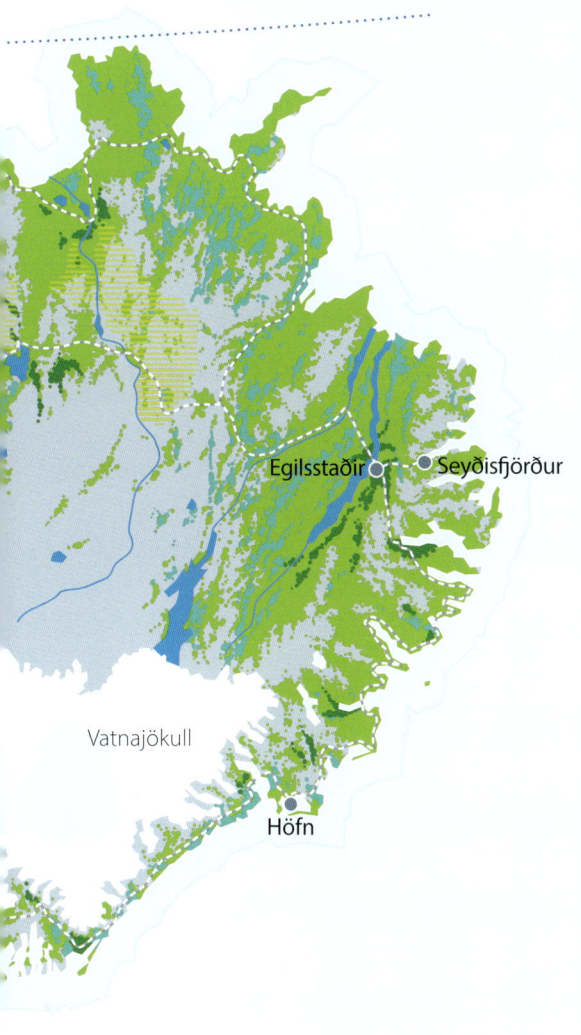

Seetang

Bei einem Spaziergang an der Küste oder Fahrten durch klares, ruhiges Wasser lohnt ein Blick auf die Vielzahl verschiedener Tange, die an der Küste Islands wachsen. Botanisch gesehen handelt es sich bei Tang um große, vielzellige Algen, die üblicherweise am Untergrund festgewachsen sind. Da sie bei Sturm von ihrer Unterlage abgerissen werden können, findet man Tange aber auch oft angespült an der Küste.

Nur in den oberen und hellen Wasserschichten gedeihen Tange aus der Gruppe der Grünalgen. Dort erreicht genügend Licht die Pflanzen, um ihnen die Photosynthese zu ermöglichen. In mittleren Tiefen können Tange aus der Gruppe der Braunalgen noch problemlos wachsen. Durch ihre braune Färbung können die den dort noch ankommenden Spektralanteil des Lichtes optimal nutzen. Lediglich Tange aus der Gruppe der Rotalgen wachsen in noch größerer Tiefe, dort steht nur noch der rote Spektralanteil des Lichtes für die Photosynthese zur Verfügung. Die Tiefengrenze für das Wachstum von Tang liegt in einer Tiefe, in der noch mindestens 0,1 % des Oberflächenlichtes ankommt, bei absolut klarem Wasser bis zu 200 m. Besonders im Gezeitenbereich entlang der Küste kann man bei Ebbe verschiedene Tangarten an ihrem natürlichen Standort finden.

Tang wird auch in verschiedener Form als Nahrungsmittel verwendet und mancherorts sogar gezüchtet. Getrocknet und mit Meersalz gemischt, ergibt er eine intensiv nach „Meer" duftende Würzmischung. (Bezugsquelle z.B. www.islandeinkauf.de)

Fieberklee
Menyanthes trifoliata

Blütezeit:
Mai, Juni

Standort:
Feuchte Gräben,
Randbereich stehender Gewässer

Alpen-Hornkraut
Cerastium alpinum

Blütezeit:
Juli, August

Standort:
Tundra

Knöllchen-Knöterich
Polygonum viviparum

Blütezeit:
Mai bis September

Standort:
Flache Moore,
Zwergstrauchgesellschaften

Weiße Silberwurz
Dryas octopetala

Blütezeit:
Mai bis Juli

Standort:
Heideflächen, Tundra

Sumpf-Herzblatt
Parnassia palustris

Blütezeit:
Juni bis August

Standort:
Feuchte Wiesen, Flachmoore

Gemeine Schafgarbe
Achillea millefolium

Blütezeit:
Juni

Standort:
Trockene Hänge und Rasen

Vierkantige Schuppenheide
Cassiope tetragona

Blütezeit:
April, Mai

Standort:
Trockene Heideflächen, Tundra

Westliche Kuckucksblume
(Nördliche Waldhyazinthe)
Platanthera hyperborea

Blütezeit:
Juni

Standort:
Heideflächen

Weißzüngel
Pseudorchis albida

Blütezeit:
Juni

Standort:
Heideflächen

Echtes Mädesüß
Filipendula ulmaria

Blütezeit:
Juli

Standort:
Feuchte Heiden, Moorflächen

Scheuchzers Wollgras
Eriophorum scheuchzeri

Blütezeit:
Juni bis September

Standort:
Flachmoore, Gräben

Sternblütiger Steinbrech
Saxifraga stellaris

Blütezeit:
Juni bis September

Standort:
Quellfluren, feuchter Schutt

Kleines Wintergrün
Pyrola minor

Blütezeit:
Juni bis August

Standort:
Wälder, Moore

Bach-Nelkenwurz
Geum rivale

Blütezeit:
April bis Juli

Standort:
Feuchte Wiesen, Bachufer, Gräben

Rosenwurz
Rhodiola rosea

Blütezeit:
Juni bis August

Standort:
Felsspalten, Felsküsten

Acker-Kratzdistel
Cirsium arvense

Blütezeit:
Juli bis September

Standort:
Äcker, Wegränder, Schuttflächen

Steifer Augentrost
Euphrasia stricta

Blütezeit:
Juli

Standort:
Flussufer, Magerwiesen

Nordisches Berufkraut
Erigeron borealis

Blütezeit:
Juni

Standort:
Grasflächen

Alpen-Lichtnelke
Lychnis alpina

Blütezeit:
Juli, August

Standort:
Trockene, sonnige Standorte, Geröllfelder

Rote Lichtnelke
Silene dioica

Blütezeit:
April bis September

Standort:
Wiesen, Waldränder

Stängelloses Leimkraut
Silene acaulis

Blütezeit:
Mai bis Juli

Standort:
Tundra

Frühblühender Thymian
Thymus praecox

Blütezeit:
Juni, Juli

Standort:
Trockene Wiesen und Heiden, Schutthalden

Arktisches Weidenröschen
Chamerion latifolium

Blütezeit:
Juli

Standort:
Geröllhalden und -flächen

Geflecktes Knabenkraut
Dactylorhiza maculata

Blütezeit:
Mai und August

Standort:
Feuchte Wiesen, Heideflächen

Schmalblättriges Weidenröschen
Epilobium angustifolium

Blütezeit:
Juni bis September

Standort:
Lichtungen, Waldränder, Wegränder

Moosheide
Phyllodoce caerulea

Blütezeit:
Mai bis Juli

Standort:
Heideflächen, Tundra

Alpenheide
Loiseleuria procumbens

Blütezeit:
Juni

Standort:
Heideflächen

Feld-Enzian
Gentianella campestris

Blütezeit:
Juli, August

Standort:
Trockene, magere Böden, Weiden, Wegränder

Gegenblättriger Steinbrech
Saxifraga oppositifolia

Blütezeit:
April bis September

Standort:
Feuchter Schutt, steinige Böden

Strand Grasnelke
Armeria maritima

Blütezeit:
Juni

Standort:
Trockene Sand- und Kiesböden

Gletscher Hahnenfuß
Ranunculus glacialis

Blütezeit:
Juni

Standort:
Schutthalden und Kiesflächen im Hochland

Gemeines Fettkraut
Pinguicula vulgaris

Blütezeit:
April bis August

Standort:
Nasse Felsen, Flachmoore

Wald-Storchschnabel
Geranium sylvaticum

Blütezeit:
Juni

Standort:
Birkenwälder, Schneeböden

Alpenhelm
Bartsia alpina

Blütezeit:
Mai bis September

Standort:
Feuchte Böden, Weiden

Felsen-Ehrenpreis
Veronica fruticans

Blütezeit:
Juni bis August

Standort:
Über der Baumgrenze, Tundra

Strand-Blauglöckchen
Mertensia maritima

Blütezeit:
Juli, August

Standort:
Küste, Kiesstrände

Vegetation

Alaska-Lupine
Lupinus nootkatensis

Blütezeit:
Juni, Juli

Standort:
Kiesflächen

Schnee-Enzian
Gentiana nivalis

Blütezeit:
Juni bis August

Standort:
Steinige Böden, offene Rasen

Sumpfdotterblume
Caltha palustris

Blütezeit:
Mai, Juni

Standort:
Straßengräben und Bäche

Vegetation

Habichtskraut
Hieracium sp.

Blütezeit:
Juli, August

Standort:
Steinige Böden

Arktischer Mohn
Papaver radicatum

Blütezeit:
Juni, Juli

Standort:
Offene Schotterflächen

Alpen-Frauenmantel
Alchemilla alpina

Blütezeit:
Juni

Standort:
Hänge und Geröllhalden

Echtes Labkraut
Galium verum

Blütezeit:
Juni, Juli

Standort:
Trockenwiesen und Heiden

Fetthennen-Steinbrech
Saxifraga aizoides

Blütezeit:
Juni bis September

Standort:
Quellfluren, feuchter Schutt

Scharfe Fetthenne
Sedum acre

Blütezeit:
Juni bis August

Standort:
Steinige, trockene Böden, Felsspalten

Grüne Hohlzunge
Coeloglossum viride

Blütezeit:
Juni und Juli

Standort:
Heideflächen und Gebüsch

Arznei-Engelwurz
Angelica archangelica

Blütezeit:
Juli, August

Standort:
Gewässerufer und feuchte Gräben

Säuerling
Oxyria digyna

Blütezeit:
Mai, Juni

Standort:
Kiesflächen

Echte Mondraute
Botrychium lunaria

Blütezeit:
keine

Standort:
Wiesen und grasige Hänge

Zackenmützenmoos
Racomitrium lanuginosum

Blütezeit:
keine

Standort:
Lavafelder

Gemeiner Wacholder
Juniperus communis

Blütezeit:
April bis Juni

Standort:
Moore, Heideflächen

Alpen-Bärentraube
Arctostaphylos alpina

Blütezeit:
Mai, Juni

Standort:
Heideflächen, Tundra

Preiselbeere
Vaccinium vitis-idaea

Blütezeit:
Mai bis Juli

Standort:
Trockene Standorte

Heidelbeere
Vaccinium myrtillus

Blütezeit:
Mai, Juni

Standort:
Feuchte Böden, Wälder, Tundra

Rauschbeere
Vaccinium uliginosum

Blütezeit:
Mai, Juni

Standort:
Hochmoore, Tundra, Heideflächen

Schwarze Krähenbeere
Empetrum nigrum

Blütezeit:
April bis Juni

Standort:
Heideflächen, Moore, Tundra

Woll-Weide
Salix lanata

Blütezeit:
Mai

Standort:
Heideflächen, sandige Böden

Kraut-Weide
Salix herbacea

Blütezeit:
Mai, Juni

Standort:
Schneeböden und Heideflächen

Arktische Weide
Salix arctica

Blütezeit:
Mai, Juni

Standort:
Heideflächen

Moor-Birke
Betula pubescens

Blütezeit:
Mai, Juni

Standort:
Wälder und Gebüsche

Vegetation

Zwerg-Birke
Betula nana

Blütezeit:
Mai

Standort:
Heiden und Moore

Eberesche
Sorbus aucuparia

Blütezeit:
Juni

Standort:
Birkenwälder

Pilze

In Island wachsen rund 100 Pilzarten – neben 80 essbaren Arten gibt es auch 20 giftige. Weit verbreitet sind z.B. Birkenpilze. Seit einigen Jahren werden in Flúðir auch Pilze gezüchtet, hauptsächlich Champignons. Verschiedene Rezepte aus Island mit Pilzen gibt es auf www.iceland.de

Wald auf Island

Island ist heute nur zu etwa 2% von Wald bedeckt. Viele Orts- und Flurnamen deuten aber darauf hin, dass früher weitaus größere Flächen von Wald bedeckt waren. Aufgrund von Aufzeichnungen aus der Besiedlungszeit und von Pollenanalysen wird vermutet, dass Island vor der Besiedlung zu etwa 40% von Vegetation bedeckt war, davon etwa die Hälfte Wald.

Im Laufe der letzten 1000 Jahre gingen durch den Einfluss des Menschen große Vegetationsflächen verloren. Dabei spielte die direkte Nutzung von Holz als Brenn- und Baustoff allerdings nur eine untergeordnete Rolle. Die größten Verluste sind auf die extensive Weidewirtschaft zurückzuführen. Die frei laufenden Schafe verursachen Tritt- und Verbissschäden, die während der kurzen Vegetationsperiode in Island nicht ausgeglichen werden können. Im Laufe der Jahrhunderte wurden so große Waldflächen zerstört.

Wald im Haukadalur

Seit etwa 100 Jahren gibt es Bemühungen, die Waldfläche wieder zu vergrößern. Eine Aufforstung hat jedoch nur dann Aussicht auf Erfolg, wenn die Aufforstungsfläche eingezäunt wird und somit Schafe ferngehalten werden. Die Einzäunung einer Fläche von 2.000 ha am Ostufer des Lögurinnsees in Ostisland hat dies eindrucksvoll bewiesen. Dort ist heute die größte zusammenhängende Waldfläche Islands und die größte Baumschule des Landes zu finden. Ganz in der Nähe des Geysirs im Haukadalur findet sich das größte zusammenhänge Waldgebiet Südislands.

Seit Beginn der Aufforstungsmaßnahmen wurden rund 100 Baumarten in Island eingeführt. Nur wenige erwiesen sich als für Island tauglich. Neben den einheimischen Birken- und Weidenarten werden vor allem Sitkafichten, Hemlocktannen, Kiefern und Fichten gepflanzt. Auch die Balsam-Pappel (Populus balsamifera) wird als schnell wachsende Baumart gerne verwendet.

Erosion

Zur Zeit der Landnahme vor über 1000 Jahren war Island noch zu mehr als 40% von Vegetation bedeckt. Im Laufe der Jahrhunderte führte die Weidewirtschaft durch Verbiss und Trittschäden zu großen Vegetationsschäden. Vor allem in den höheren Lagen konnten sich die Pflanzen in der kurzen Vegetationszeit kaum erholen. An vielen Stellen des Hochlandes verschwand die Vegetation und der fruchtbare Boden wurde durch Wind und Wasser abgetragen.

Bei Trockenheit und Wind kann es heute im Hochland jederzeit zu Staubstürmen kommen, wenn der feine Boden vom Wind aufgewirbelt wird. Die Isländer versuchen seit vielen Jahren, die Erosion und die Bodenverluste einzudämmen.

Im nordöstlichen Hochland

Auf stark geschädigten Flächen mit schlechten Bodenverhältnissen werden großflächig Pionierpflanzen wie die Alaska Lupine gesät. Mit der Alaska Lupine konnten bereits große Flächen vor weiterer Erosion geschützt werden. Sie lebt in Symbiose mit Bakterien, die der Pflanze Stickstoff zur Verfügung stellen.

Die Lupine hat sich aber auch als invasive Pflanzenart erwiesen. Im Laufe der Zeit hat sie sich in ganz Island ausgebreitet und an vielen Stellen die einheimische Vegetation verdrängt. Heute prägt sie vor allem während der Blüte im Frühsommer an vielen Stellen das Landschaftsbild.

Papageitaucher beobachten

Vögel

Vogelfelsen und Seevögel

Die Vogelfelsen Islands sind oft von zehntausenden Seevögeln bevölkert und sowohl der Flugbetrieb als auch das Geschrei der Vögel sind ein beeindruckendes Schauspiel. Wer sich die Mühe macht, einen Vogelfelsen etwas genauer zu beobachten, wird feststellen, dass es weniger chaotisch zugeht, als es zunächst scheint. Die verschiedenen Vogelarten stellen unterschiedliche Ansprüche an ihren Nistplatz und haben unterschiedliche Verhaltensweisen. Daraus resultiert eine Unterteilung der Vogelfelsen in einzelne Zonen, die von bestimmten Arten bevorzugt werden. Vogelfelsen gibt es rund um Island. Gut erreichbar sind z.B. Krýsuvíkurbjarg auf der Halbinsel Reykjanes sowie Arnarstapi und Þúfubjarg auf der Halbinsel Snæfellsnes.

Grylltteiste
Cepphus grylle

Körperlänge 32 – 38 cm, Flügelspannweite 49 – 58 cm

Beobachtungszeit: ganzjährig

Verbreitung: Küste und Küstengewässer

Im untersten Stockwerk der Vogelfelsen nahe der Wasserlinie nistet die taubengroße Gryllteiste. Sie legt ihre Eier in kleinen Felsspalten auf den blanken Felsboden, die Brutdauer beträgt rund 25 Tage. Üblicherweise bildet diese Art keine Kolonien. Die Jungen fliegen im Alter von etwa 35 Tagen aus und gehen dann wie die Altvögel unter Wasser auf Jagd nach Fischen und Krebsen.

Krähenscharbe
Phalacrocorax aristotelis

Körperlänge 66 – 72 cm, Flügelspannweite 115 – 125 cm

Beobachtungszeit: ganzjährig

Verbreitung: Küsten in Westisland

Unmittelbar über den Gryllteisten am oberen Ende des Geröllhanges sind oft Krähenscharben zu finden. Sie gehören zu den Kormoranen und ernähren sich ebenfalls von Fischen. In ihrem Nest aus Tang brüten sie innerhalb von etwa 30 Tagen zwei bis fünf Eier aus.

Tordalk
Alca torda

Körperlänge 38 – 43 cm, Flügelspannweite 60 – 70 cm

Beobachtungszeit: ganzjährig

Verbreitung: Küsten rund um Island

In kleinen Höhlen und Nischen findet der Tordalk seinen Brutplatz. Auch die jungen Tordalke segeln im Alter von etwa 20 Tagen aufs Meer und werden dort weiter von den Eltern gefüttert. Sie ernähren sich von Fischen, Krebstieren und Würmern.

Trottellumme und Dickschnabellumme
Uria aalge und Uria lomvia

Körperlänge 38 – 48 cm, Flügelspannweite 75 cm

Beobachtungszeit: April bis August

Verbreitung: Küsten in Nordisland

Auf schmalen Felsbändern und in Nischen brüten Trottel- und Dickschnabellummen. Die Brutdichte kann bei über 35 Paaren pro Quadratmeter liegen und der Abstand zwischen den Nestern ist auf das Minimum der Schnabelreichweite (Hackabstand) reduziert. Die Eier sind stark konisch geformt, um nicht von den schmalen Felsbändern zu rollen.

Trottellumme

Aufgrund der sehr variablen Färbung können die Eltern ihre Eier auch individuell erkennen. Beim Lummensprung stürzen sich die halberwachsenen, aber noch nicht voll flugfähigen Jungvögel zum Teil aus mehreren hundert Metern Höhe ins Meer. Dort ernähren sie sich überwiegend von frisch geschlüpften Jungdorschen. Erwachsene Lummen jagen unter Wasser Krebse und Fische.

Dickschnabellummen tragen hinter dem Auge scheinbar einen kleinen länglichen Einschnitt im Gefieder und die Verlängerung der Basis des Oberschnabels ist weiß gefärbt, dadurch sind sie von Trottellummen gut zu unterscheiden.

Dickschnabellumme

Eissturmvogel
Fulmarus glacialis

Körperlänge 46 – 52 cm, Flügelspannweite 105 – 115 cm

Beobachtungszeit: ganzjährig

Verbreitung: Küsten rund um Island

Die Eissturmvögel sind die einzigen Vertreter der Albatrosartigen auf der Nordhalbkugel. Außerhalb der Brutzeit leben sie auf dem Meer, ihr Nest bauen sie auf Felsvorsprüngen in steilen Klippen. Die Brutdauer beträgt bis zu 53 Tage, das Gelege besteht nur aus einem Ei. Eissturmvögel ernähren sich von Krebsen und Fischen, verschmähen aber auch Abfall nicht, den sie von der Meeresoberfläche aufsammeln. Am Schnabel fallen die röhrenartig verlängerten Nasenlöcher auf. Über sie wird überschüssiges mit der Nahrung aufgenommenes Salz ausgeschieden. Ihre Nester verteidigen Eissturmvögel, indem sie Feinde mit einem übel riechenden, klebrigen Magenöl bespucken. Für die Feinde kann das tödlich enden, da Federn und Fell verkleben und dann keine wärmedämmenden Eigenschaften mehr haben.

Papageitaucher
Fratercula arctica

Körperlänge 28 – 34 cm, Flügelspannweite 50 – 60 cm

Beobachtungszeit: April bis August

Verbreitung: Küsten rund um Island

Der wohl auffälligste Brutvogel an der Küste Islands ist der Papageitaucher mit seinem intensiv gefärbten Schnabel. Papageitaucher nisten am oberen Ende der Brutfelsen in kleinen Höhlen, die sie selbst in den weichen Untergrund graben. Der Boden in größeren Kolonien ist oft völlig durchlöchert. Am Ende der etwa 1 m langen Röhren liegt die Brutkammer, dort wird ein Ei ausgebrütet. Die Jungvögel klettern nach dem Flüggewerden hinunter zum Meer. Papageitaucher ernähren sich überwiegend von Sandaalen. Vor allem während der Brutzeit hängen an beiden Schnabelseiten oft mehrere Fische herunter. Es ist bemerkenswert, dass die Vögel weitere Fische fangen können, wenn sie bereits mehrere Fische im Schnabel halten. Möglich wird dies, weil die bereits gefangenen Fische zwischen der Zunge und dem Gaumen eingeklemmt werden.

Basstölpel
Sula bassana

Körperlänge 80 – 110 cm, Flügelspannweite 165 – 180 cm

Beobachtungszeit: ganzjährig

Verbreitung: in Brutkolonien entlang der Küste

Basstölpel sind kräftig gebaute Hochseevögel und hervorragende, elegante Flieger. Ihre Beute besteht aus Fischen (hauptsächlich Hering und Makrele), die sie als Stoßtaucher fangen. Die Vögel stürzen sich dabei aus bis zu 45 m Höhe mit dem Schnabel voran ins Wasser und erreichen eine Tauchtiefe von rund 20 m. Beim Durchstoßen der Wasseroberfläche beträgt die Geschwindigkeit etwa 100 km/h. Die Vögel brüten in Kolonien und bauen ihre Nester auf die Kuppen hoher Felseninseln.

Küstenseeschwalbe
Sterna paradisaea

Körperlänge 35 – 38 cm, Flügelspannweite 76 - 85 cm

Beobachtungszeit: Mai bis August

Verbreitung: küstennahe Gebiete

Die bis 38 cm große Küstenseeschwalbe ist der Vogel mit dem längsten Zugweg. Während sie in praktisch allen arktischen Gebieten der Nordhalbkugel brütet, verbringt sie den Winter in der Antarktis und legt dabei jährlich eine Flugstrecke bis zu 30.000 km zurück. Küstenseeschwalben sind Stoßtaucher und suchen die Wasseroberfläche im Suchflug nach Fischen ab. Haben sie eine Beute entdeckt, stoßen sie mit angewinkelten Flügeln nach unten und verschwinden vollständig im Wasser. Die Vögel brüten in großen Kolonien in Küstennähe und reagieren während der Brutzeit sehr aggressiv auf Störungen, indem sie sich laut kreischend auf den Eindringling stürzen.

Große Raubmöwe – Skua
Stercorarius skua

Körperlänge 50 – 55 cm, Flügelspannweite 125 – 140 cm

Beobachtungszeit: April bis September

Verbreitung: hauptsächlich Sanderflächen im Südosten von Island

Die Kies-Ebenen unterhalb der Gletscher sind das wichtigste Brutgebiet der großen Raubmöwe oder Skua. Die großen graubraun gefiederten Vögel sind auf ihren Nestern nur schwer zu entdecken. Skuas verteidigen ihr Nest auch gegen Menschen und gehen zum Angriff über, wenn man sich dem Nest nähert.

Sie ernähren sich hauptsächlich von Fisch. Häufig machen sie sich aber nicht die Mühe, selbst Fisch zu fangen. Es ist für sie einfacher, andere Vögel auszurauben, die vom Fischfang auf dem Rückweg zu ihren Nestern sind. Der Name große Raubmöwe ist also durchaus berechtigt.

Dreizehenmöwe
Rissa tridactyla

Körperlänge 37 – 42 cm, Flügelspannweite 95 – 105 cm

Beobachtungszeit: April bis September

Verbreitung: Küsten rund um Island

Dreizehenmöwen brüten in größeren Kolonien in Vogelfelsen. Ihre aus Pflanzenmaterial bestehenden Nester sind an winzigen Felsvorsprüngen regelrecht an die Felswand geklebt. Nach dem Schlüpfen sitzen die Jungvögel meist zwischen einem Altvogel und der Felswand geschützt im Nest. Dreizehenmöwen ernähren sich überwiegend von kleinen Krebsen. Sie können von anderen ähnlich aussehenden Arten leicht durch ihre dunkelgrau bis schwarz gefärbten Beine unterschieden werden.

Mantelmöwe
Larus marinus

Körperlänge 68 – 71 cm, Flügelspannweite 155 – 165 cm

Beobachtungszeit: ganzjährig

Verbreitung: Küsten rund um Island

Die Mantelmöwe ist die größte in Europa heimische Möwenart. Sie brütet oft oberhalb der Vogelfelsen, die dann auch ihr bevorzugtes Jagdgebiet sind. Mantelmöwen jagen andere Seevögel oder bedrängen sie so lange, bis sie ihre Nahrung hervorwürgen. Gelegentlich fangen Mantelmöwen auch Fisch. Die Eier werden 26 bis 28 Tage bebrütet, Jungvögel lernen im Alter von etwa 50 Tagen das Fliegen.

Silbermöwe
Larus argentatus

Körperlänge 55 – 65 cm, Flügelspannweite 125 – 165 cm

Beobachtungszeit: ganzjährig

Verbreitung: Küsten rund um Island

Die Silbermöwe ist in Nord- und Westeuropa die am weitesten verbreitete Großmöwenart. Ihre Brutkolonien liegen typischerweise an unzugänglichen Steilküsten oder auf kleinen Inseln, gelegentlich auch in Dünengebieten. Fische bilden die Hauptnahrung der Silbermöwen, aber auch Krebstiere, Muscheln, Eier, Kleinsäuger und andere Vögel werden nicht verschmäht. Silbermöwen beginnen erst im Alter von 5 bis 7 Jahren zu brüten, die Brutdauer liegt bei 25 bis 33 Tagen.

Heringsmöwe
Larus fuscus

Körperlänge 49 – 57 cm, Flügelspannweite 120 - 160 cm

Beobachtungszeit: in den Brutgebieten während der Sommermonate

Verbreitung: entlang der gesamten Küste

Heringsmöwen können leicht mit Mantelmöwen verwechselt werden, sie sind allerdings im direkten Vergleich deutlich kleiner. Die Vögel brüten bevorzugt auf felsigen, aber bewachsenen Inseln, die Brutdauer liegt bei 24 Tagen. Ähnlich wie Silbermöwen ernähren sich Heringsmöwen von Fischen, Krebstieren und Muscheln, gelegentlich aber auch von Eiern, Würmern und Beeren. Heringsmöwen sind Zugvögel, sie überwintern in mediterranen Gebieten.

Austernfischer
Haematopus ostralegus

Körperlänge 40 – 45 cm, Flügelspannweite 80 – 85 cm

Beobachtungszeit: März bis September

Verbreitung: Küsten rund um Island

Wie alle Schnepfenvögel ist auch der Austernfischer mit einem langen Schnabel ausgestattet, der bestens zum Stochern und Tasten im Boden geeignet ist. Seine Nahrung findet der Vogel im Schlick und auf Wiesen, er verzehrt Muscheln, Würmer, Schnecken und Krebse. Austernfischer bauen ein Muldennest auf freiem Boden, die Brutdauer beträgt 27 Tage. Besonders auffällig sind die Tiere, wenn sie in kleinen Gruppen laut piepsend und im Stechschritt auf Nahrungssuche über Wiesen laufen.

Odinshühnchen
Phalaropus lobatus

Körperlänge 19 cm, Flügelspannweite 35 – 40 cm

Beobachtungszeit: Mai bis August

Verbreitung: Feuchtwiesen und Sumpfland

Odinshühnchen gehören zur Gattung der Wassertreter. Sie machen ihrem Namen alle Ehre, wenn sie bei der Futtersuche hektisch im Kreis schwimmen, um den Bodenschlamm aufzuwühlen. Die dabei aufgewirbelten Kleintiere werden dann aufgepickt. Den Winter verbringen Odinshühnchen auf dem offenen Meer und ernähren sich vor allem von Krill.

Bei der Fortpflanzung zeigen sie einige Besonderheiten. Im Gegensatz zu den meisten anderen Vogelarten sucht das Weibchen aktiv nach einem Partner und wirbt sogar in einem auffälligen Balzflug um ihn. Die Weibchen verteidigen ihr Revier gegen andere Weibchen. Sie verlassen oft schon wenige Tage nach der Eiablage die Nester und überlassen das Brüten und auch die Brutpflege den Männchen. Die Jungvögel schlüpfen nach etwa 20 Tagen.

Rotschenkel
Tringa totanus

Körperlänge 25 – 30 cm, Flügelspannweite 60 – 65 cm

Beobachtungszeit: April bis September

Verbreitung: an Küsten, Gewässern und auf feuchten Wiesen in Küstennähe

Typisches Erkennungsmerkmal dieser Art sind die langen roten Beine, die auch namensgebend sind. Im Bereich der Küsten sind die Vögel vor allem bei Niedrigwasser aktiv und suchen im Schlick nach Insekten, Würmern, Schnecken, Muscheln und kleinen Krustentieren. Im Flug sind die Vögel gut am weißen Flügelhinterrand erkennbar.

Bekassine
Gallinago gallinago

Körperlänge 25 cm, Flügelspannweite 25 – 30 cm

Beobachtungszeit: April bis Oktober

Verbreitung: Feuchtwiesen und offenes Sumpfland

Bekassinen werden auch als Himmelsziegen bezeichnet. Grund dafür ist ihr Balzflug, bei dem ein meckerndes Geräusch zu hören ist. Es erinnert an das Meckern einer Ziege. Das Geräusch wird durch speziell versteifte Federn erzeugt. Das balzende Männchen lässt sich aus etwa 50 m Flughöhe in einem Winkel von 45–90° fallen. Dabei vibrieren die abgespreizten äußeren Steuerfedern im Luftstrom und erzeugen das meckernde Geräusch.

Bekassinen bauen ihr Bodennest oft im trockenen Altgras des Vorjahres. Das Weibchen brütet 18 bis 20 Tage. Die Jungvögel verlassen das Nest zwar gleich am ersten Tag, müssen aber von den Eltern einige Wochen gefüttert werden.

Mit dem auffallend langen Schnabel stochern Bekassinen im weichen Boden nach Würmern, Insekten, Weichtieren und Sämereien.

Die meisten isländischen Bekassinen überwintern in Irland. Einige wenige bleiben auch in Island und sind während der Wintermonate immer wieder in der Nähe heißer Quellen anzutreffen.

Regenbrachvogel
Numenius phaeopus

Körperlänge 40 – 45 cm, Flügelspannweite 75 – 90 cm

Beobachtungszeit: Mai bis August

Verbreitung: im Flachland in Feuchtgebieten und auf Heideflächen

Regenbrachvögel haben einen langen schmalen Schnabel. Da der Platz für eine lange Zunge fehlt, wird die Nahrung ruckartig in den Schlund befördert. Sie besteht aus Krebstieren, Spinnen, Schnecken und Würmern. Auch Beeren werden gefressen, insbesondere die Krähenbeere ist bei den Vögeln beliebt.

Im Brutgebiet bilden Regenbrachvögel Gruppen. Sie verteidigen ihre Küken gemeinsam gegen Feinde. Nach vier Wochen Brutzeit schlüpfen die Jungen und werden noch etwa 5 Wochen von den Eltern geführt. Die Vögel sind reviertreu und brüten oft viele Jahre immer wieder mit dem gleichen Partner.

Isländische Regenbrachvögel überwintern überwiegend im westlichen Afrika südlich der Sahara.

Alpenstrandläufer
Calidris alpina

Körperlänge 16 – 20 Zentimeter, Flügelspannweite 32 – 36 cm

Beobachtungszeit: Mai bis September

Verbreitung: entlang der Küsten und außerhalb des Hochlands

Alpenstrandläufer brüten hauptsächlich in Tundragebieten, verbringen aber rund drei Viertel ihres Lebens auf dem Zug oder in den Überwinterungsgebieten. Sie ernähren sich von Insekten und deren Larven, in den Tundragebieten zählen Schnaken und Zuckmücken zur bevorzugten Nahrung.

Sandregenpfeifer
Charadrius hiaticula

Körperlänge 18 – 20 cm, Flügelspannweite 50 – 55 cm

Beobachtungszeit: April bis September

Verbreitung: in ganz Island

Sandregenpfeifer bevorzugen flache Küstenregionen als Lebensraum. Sie ernähren sich u.a. von Schnecken, Würmern, Insekten und Spinnen. Typischerweise legen sie bei der Nahrungssuche schnell laufend eine kurze Strecke zurück, stoppen und picken. Das Nest ist eine mit kleinen Steinchen ausgelegte Bodenmulde, die Brutdauer beträgt 23 bis 25 Tage. Bei guten Bedingungen können pro Jahr bis zu drei Bruten großgezogen werden.

Goldregenpfeifer
Pluvialis apricaria

Körperlänge 25 – 30 cm, Flügelspannweite 65 – 75 cm

Beobachtungszeit: April bis Oktober

Verbreitung: Wiesen und Heidelandschaften

Goldregenpfeifer gelten in Island als die wichtigsten Frühlingsboten. Ihre Rückkehr aus den Winterquartieren an Flussmündungen in Westeuropa ist alljährlich sogar den isländischen Zeitungen einen Bericht wert. Die Vögel bewegen sich viel zu Fuß und bevorzugen übersichtliche Lebensräume mit niedriger Vegetation. Goldregenpfeifer brüten in einfachen Muldennestern am Boden und die Küken schlüpfen nach etwa 30 Tagen. Nähert sich ein Feind dem Nest oder den Jungvögeln, versuchen die Eltern ihn wegzulocken. Sie laufen dabei einige Schritte gut sichtbar und bleiben dann demonstrativ stehen, bevor sie wieder einige Schritte laufen.

Auch bei der Suche nach Insekten, Schnecken und Würmern laufen Goldregenpfeifer schnell hin und her. Die Beute wird vom Boden aufgepickt, Würmer werden aus der Erde gezogen. Die Jungvögel können sich sofort selbst ernähren und werden nicht von den Eltern gefüttert.

Meerstrandläufer
Calidris maritima

Körperlänge 20 cm, Flügelspannweite 45 cm

Beobachtungszeit: ganzjährig

Verbreitung: Strände und Wattgebiete

Vor der Brut baut das Männchen der Meerstrandläufer ein wenig gepolstertes Nest in natürlichen Vertiefungen auf trockenem Boden. Das Männchen kümmert sich um die Brut und die Aufzucht der Jungen. Sie schlüpfen nach drei Wochen und verlassen das Nest nach weiteren drei bis vier Wochen. Rund 30.000 Paare brüten in Island.

Meerstrandläufer ernähren sich von Insekten, Schnecken und Würmern.

Knutt
Calidris canutus

Körperlänge 25 cm, Flügelspannweite 55 – 60 cm

Beobachtungszeit: April bis September

Verbreitung: Wattgebiete und tangbewachsene Küstenstreifen

Knutts nutzen Island auf dem Weg nach Grönland oder zurück in ihre Winterquartiere gerne als Rastplatz. Vor allem im Mai sind sie deshalb in Küstenregionen häufig zu sehen. Als Langstreckenzieher legen sie bis zu 4.000 km zurück.

Ihre Nahrung besteht hauptsächlich aus Muscheln, Schnecken und Insekten.

Steinwälzer
Arenaria interpres

Körperlänge 23 cm, Flügelspannweite 50 - 55 cm

Beobachtungszeit: Frühjahr und Herbst

Verbreitung: Wattgebiete und Strände

Der Name Steinwälzer kommt nicht von ungefähr. Bei der Nahrungssuche drehen die Vögel kleine Steine und Tang um und gelangen so an Insekten, Krebse und Schnecken, die darunter liegen. In Island sind Steinwälzer nur Durchzügler auf dem Weg nach Grönland oder zurück in die Winterquartiere in Europa und Afrika. Einige Steinwälzer überwintern auch in Island.

Eiderente
Somateria mollissima

Körperlänge 60 – 70 cm, Flügelspannweite 100 – 105 cm

Beobachtungszeit: ganzjährig

Verbreitung: Küsten rund um Island

Eiderenten gehören zu den größten Entenarten, die männlichen Tiere können ein Gewicht von etwa 2,2 kg erreichen. Wie bei Enten üblich, ist das Weibchen unauffällig bräunlich gefärbt. Das Gefieder der Männchen ist deutlich auffälliger. Eiderenten sind nicht zuletzt wegen ihres Gewichtes recht unbeholfen, können aber hervorragend tauchen und schwimmen. Sie ernähren sich tauchend von Muscheln, Schnecken und Krebstieren. Eiderenten brüten in Kolonien und sind die Lieferanten der begehrten Eiderdaunen.

Singschwan
Cygnus cygnus

Körperlänge 145 – 150 cm, Flügelspannweite 185 - 200 cm

Beobachtungszeit: März bis Oktober

Verbreitung: Seen und Teiche

Singschwäne sind aufgrund ihrer Größe und des weißen Gefieders leicht erkennbar. Außerhalb der Brutzeit sind sie gesellig und können in größeren Gruppen auftreten. Während der Brut zeigen sie aber deutliches Revierverhalten und verteidigen ihr Territorium gegenüber Artgenossen und Feinden. Das Nest von Singschwänen liegt meist am Ufer eines Gewässers und die Brutdauer beträgt etwa 35 Tage.

Singschwäne haben ein umfangreiches Stimmrepertoire und sind sehr ruffreudig.

Im Spätsommer wechseln Singschwäne ihre Federn und sind dann flugunfähig. Während der Mauser halten sich tausende Singschwäne östlich von Höfn im Gebiet von Lón auf. Früher wurden während dieser Zeit auch Schwäne gefangen und ihr Fleisch sicherte für viele Isländer das Überleben.

Eistaucher
Gavia immer

Körperlänge 75 – 85 cm, Flügelspannweite 125 – 145 cm

Beobachtungszeit: April bis September

Verbreitung: Binnengewässer, außerhalb der Brutzeit auf dem Meer

Eistaucher sind durch ihre Größe und das charakteristische Gefieder vor allem während der Brutzeit eindeutig erkennbar. Die Nester werden am Ufer von Seen oder auf kleinen Inseln gebaut. Nach einer Brutzeit von etwa 27 Tagen schlüpfen die Jungen.

Eistaucher ernähren sich hauptsächlich von Fischen. Wenn sie sich außerhalb der Brutzeit auf dem Meer aufhalten, zählen auch Krustentiere zu ihrer Beute.

Die Beine der Eistaucher setzen weit hinten am relativ schweren Körper an. Die Tiere können an Land praktisch nicht laufen. Deshalb führen meist auch von den Nestern Schleifspuren zum Wasser. Sie entstehen, wenn die Tiere sich auf dem Bauch liegend mit den Beinen ins Wasser schieben.

Graugans
Anser anser

Körperlänge 75 – 90 cm, Flügelspannweite 150 - 180 cm

Beobachtungszeit: März bis Oktober

Verbreitung: Feuchtgebiete

Außerhalb der Brutsaison leben Graugänse oft in größeren Gruppen zusammen. Sie sind partnertreu und bilden zur Brutzeit weitläufige Kolonien mit großem Abstand zwischen den Nestern. Die Jungen schlüpfen nach 27 bis 29 Tagen und die Aufzucht nimmt weitere 50 bis 60 Tage in Anspruch. Die Jungtiere bleiben meistens bis zur nächsten Brut mit den Eltern zusammen. Die Familienmitglieder erkennen einander hauptsächlich am Ruf.

Graugänse ernähren sich vegetarisch. Sowohl Wasserpflanzen, als auch Pflanzen auf Äckern und Wiesen werden verzehrt. Außerhalb der Brutzeit kann man oft riesige Ansammlungen von Graugänsen auf Wiesen beobachten.

Weißwangengans
Branta leucopsis

Körperlänge 60 – 70 cm, Flügelspannweite 130 – 145 cm

Beobachtungszeit: April und Mai, September und Oktober

Verbreitung: Moore und Wiesen (Frühjahr), Zwergstrauchheiden (Herbst)

Weißwangengänse brüten im Nordosten von Grönland. Auf dem Weg nach Grönland und zurück in die Winterquartiere in Großbritannien rasten sie in Island. Einige wenige Paare brüten auch auf Island. Weißwangengänse sind Pflanzenfresser und oft versammeln sie sich zu hunderten auf Wiesen zum Fressen.

Spießente
Anas acuta

Körperlänge 50 – 65 cm, Flügelspannweite 80 - 95 cm

Beobachtungszeit: April bis September

Verbreitung: Schwemmland, Sümpfe und Seen

Spießenten sind im Vergleich zu anderen Entenarten relativ schlank. Die schmalen Flügel sind leicht nach hinten gebogen und die Tiere fliegen mit hoher Geschwindigkeit. Sie können ohne Anlauf direkt aus dem Wasser starten.

Die Hauptnahrung von Spießenten besteht aus Pflanzen. Sie nehmen die Nahrung gründelnd auf und sind deshalb auf flaches Wasser angewiesen.

Brut und Aufzucht der Jungen erfolgt nur durch das Weibchen. Die Jungen schlüpfen nach etwa 22 Tagen Brut und werden nach etwa eineinhalb Monaten flügge.

Pfeifente
Anas penelope

Körperlänge 45 – 50 cm, Flügelspannweite 75 – 85 cm

Beobachtungszeit: April bis September

Verbreitung: Seen und Feuchtgebiete

Die meisten isländischen Brutpaare überwintern in Schottland. Einzelne Exemplare können aber auch deutlich weiter ziehen.

Pfeifenten sind tagaktiv und nachtaktiv. Ähnlich wie die Augen von Katzen enthalten auch die Augen von Pfeifenten eine reflektierende Schicht. Sie können deshalb auch nachts sehr gut sehen.

Pfeifenten ernähren sich ausschließlich vegetarisch. Alleine, um ihre Körpertemperatur zu halten, benötigen Sie bei einem Körpergewicht von etwa 600 g pro Tag 300 g pflanzliche Nahrung.

Reiherente
Aythya fuligula

Körperlänge 40 – 45 cm, Flügelspannweite 65 – 75 cm

Beobachtungszeit: April bis September

Verbreitung: Seen außerhalb des Hochlandes

Reiherenten siedelten sich erst Ende des 19. Jahrhunderts in Island an. Inzwischen sind Reiherenten nach den Eiderenten die häufigsten Tauchenten in Island. Ihre Nahrung fangen sie tauchend, sie besteht aus Krebsen, Schnecken, Insekten und gelegentlich kleinen Fischen.

Ein kleiner Teil der Population überwintert in Island, die meisten Reiherenten ziehen nach Irland oder weiter nach Süden.

Bergente
Aythya marila

Körperlänge 45 – 50 cm, Flügelspannweite 75 – 85 cm

Beobachtungszeit: April bis September

Verbreitung: Seen und Teiche

Bergenten ernähren sich tauchend von verschiedenen Kleintieren wie Insekten, Schnecken, Muscheln und kleinen Fischen. Die Kost wird durch pflanzliche Nahrung ergänzt.

Ähnlich wie bei den Reiherenten beginnt die Balz bereits in den Winterquartieren in Irland, England und den Niederlanden. Die Brutzeit beginnt Anfang Juni und die Jungen schlüpfen nach knapp vier Wochen.

Männchen sind während der Mauser im Sommer für einen Zeitraum von etwa drei bis vier Wochen nicht flugfähig.

Kragenente
Histrionicus histrionicus

Körperlänge 40 – 45 cm, Flügelspannweite 65 – 70 cm

Beobachtungszeit: ganzjährig

Verbreitung: schnell fließende Flüsse, im Winter an Küsten mir Brandung

Einziges europäisches Brutgebiet der Kragenente ist Island, sonst brütet die Art in Grönland und in Sibirien. Die Tiere ernähren sich von den Larven verschiedener Mückenarten sowie von kleinen Krebsen und Mollusken. Kragenenten verbringen das ganz Jahr in Island. Die Brutdauer beträgt etwa 30 Tage und nach weiteren 40 Tagen sind die Jungen flügge.

Schneeammer
Plectrophenax nivalis

Körperlänge 16 cm, Flügelspannweite 35 cm

Beobachtungszeit: ganzjährig

Verbreitung: landesweit

Zu Beginn der Brutzeit im März treffen die Männchen an den Brutplätzen ein. Sie versuchen mit ihren Gesang ein Revier abzugrenzen. Die Weibchen treffen erst mehrere Wochen nach den Männchen ein. Das Nest wird zwischen Steine oder in Felsspalten gebaut und besteht aus Halmen und anderem Pflanzenmaterial. Die Eier werden knapp 2 Wochen bebrütet.

Im Winter sind Schneeammern gesellig und schließen sich oft zu größeren Gruppen zusammen. Ihre Nahrung besteht dann hauptsächlich aus Strandhaferkörnern und Beeren. Im Sommer fressen sie auch Insekten und Spinnen.

Alpenschneehuhn
Lagopus muta

Körperlänge 35 cm, Flügelspannweite 55 – 60 cm

Beobachtungszeit: ganzjährig

Verbreitung: landesweit

Der typische Lebensraum des Alpenschneehuhns sind Zwergstrauchheiden und Geröllland sowie Schneetäler. Sie mausern dreimal pro Jahr und passen sich dabei der Umgebung an. Während sie im Winter schneeweiß sind, passt sich ihr Federkleid im Frühjahr den Grau- und Brauntönen ihres nun schneefreien Lebensraumes an. Auch die Füße sind im Winter weiß befiedert und erleichtern als natürliche Schneeschuhe die Fortbewegung auf Schnee. Alpenschneehühner verlassen sich auf die fast perfekte Tarnung. Wenn man sich nähert, fliegen sie erst im letzten Moment mit lautem Flügelburren auf. Hauptnahrung sind Samen, Blätter, Knospen und Beeren. Die Jungen schlüpfen nach etwa 21 Tagen Brutzeit.

Alpenschneehühner werden in Island gejagt und sind ein beliebtes Weihnachtsessen.

Rotdrossel
Turdus iliacus

Körperlänge 20 cm, Flügelspannweite 35 cm

Beobachtungszeit: April bis Oktober

Verbreitung: im Tiefland, bevorzugt in Birkenwäldern

Rotdrosseln bauen ihr Nest am Boden oder in Bäumen. Bei Störungen wird das Nest schnell aufgegeben und an anderer Stelle ein neues Nest gebaut. Die Jungen schlüpfen schon nach knapp zwei Wochen und verlassen das Nest nach weiteren zwei Wochen. Zu diesem Zeitpunkt sind sie noch nicht flügge.

Während der Sommermonate sind Insekten die Hauptnahrung von Rotdrosseln, im Herbst und Winter verschiedene Beeren.

Kolkrabe
Corvus corax

Körperlänge 65 cm, Flügelspannweite 120 – 150 cm

Beobachtungszeit: ganzjährig

Verbreitung: im Tiefland unter 400 m

Kolkraben sind Allesfresser und ernähren sich auch von Aas und Abfall. Ihre großen Nester bauen sie aus allen möglichen Materialien. Tierknochen werden ebenso verwendet, wie Zweige, Stacheldraht und Plastik. Das Nest wird mit Wolle und Federn ausgepolstert. Oft kann man Kolkraben beim Spielen beobachten. Neben akrobatischen Flugmanövern – oft zusammen mit Artgenossen – versuchen sie sich auch im Rodeln im Schnee und spielen mit Gegenständen.

Seeadler
Haliaeetus albicilla

Körperlänge 75 – 90 cm, Flügelspannweite 190 – 245 cm

Beobachtungszeit: ganzjährig

Verbreitung: Halbinsel Snaefellsnes und Nordwestfjorde

Seeadler gehören zu den größten Greifvögeln in Mittel- und Nordeuropa. Neben Fischen zählen auch andere Vögel und Aas zu ihrer Nahrung. Adlerhorste werden oft über viele Jahrzehnte genutzt und können dann ein Gewicht von mehreren hundert Kilogramm erreichen. Die Jungvögel schlüpfen nach einer Brutzeit von 38 Tagen und werden nach weiteren 80 bis 90 Tagen flügge.

Gerfalke
Falco rusticolus

Körperlänge 50 – 60 cm, Flügelspannweite 105 – 130 cm

Beobachtungszeit: ganzjährig

Verbreitung: außerhalb des Hochlandes

Der Gerfalke ist die weltweit größte Falkenart und ist in den arktischen Tundragebieten verbreitet. Seit dem Mittelalter werden sie als Beizvögel geschätzt und waren ein würdiges Geschenk unter Fürstenhäusern. Im Zentrum von Reykjavík erinnert noch heute das Falkenhaus an die Zeiten, als Gerfalken aus Island exportiert wurden.

Die Bestände sind in Island im Laufe der Zeit immer weiter zurückgegangen. Seit vielen Jahren steht der Gerfalke unter strengem Schutz. Zeitweise wurden während der Brutzeit sogar die wenigen Nester rund um die Uhr bewacht. Vor allem in arabischen Ländern ist der Gerfalke auch heute noch als Beizvogel und Statussymbol gefragt. Für Eier oder Jungvögel werden mehrere zehntausend Euro bezahlt und so ist es nicht verwunderlich, dass während der Brutzeit auch in Island immer wieder Nester geplündert wurden. Die erbeuteten Eier und Jungvögel wurden vereinzelt sogar im Diplomatengepäck außer Landes geschmuggelt.

Walbeobachtung Walmuseum

Wale

Die größten Säugetiere der Welt

Als Säugetiere müssen Wale regelmäßig an die Wasseroberfläche kommen, um durch ihr Blasloch zu atmen. Manche Walarten können über eine Stunde tauchen. Äußerlich sind Wale einfach von Fischen zu unterscheiden.

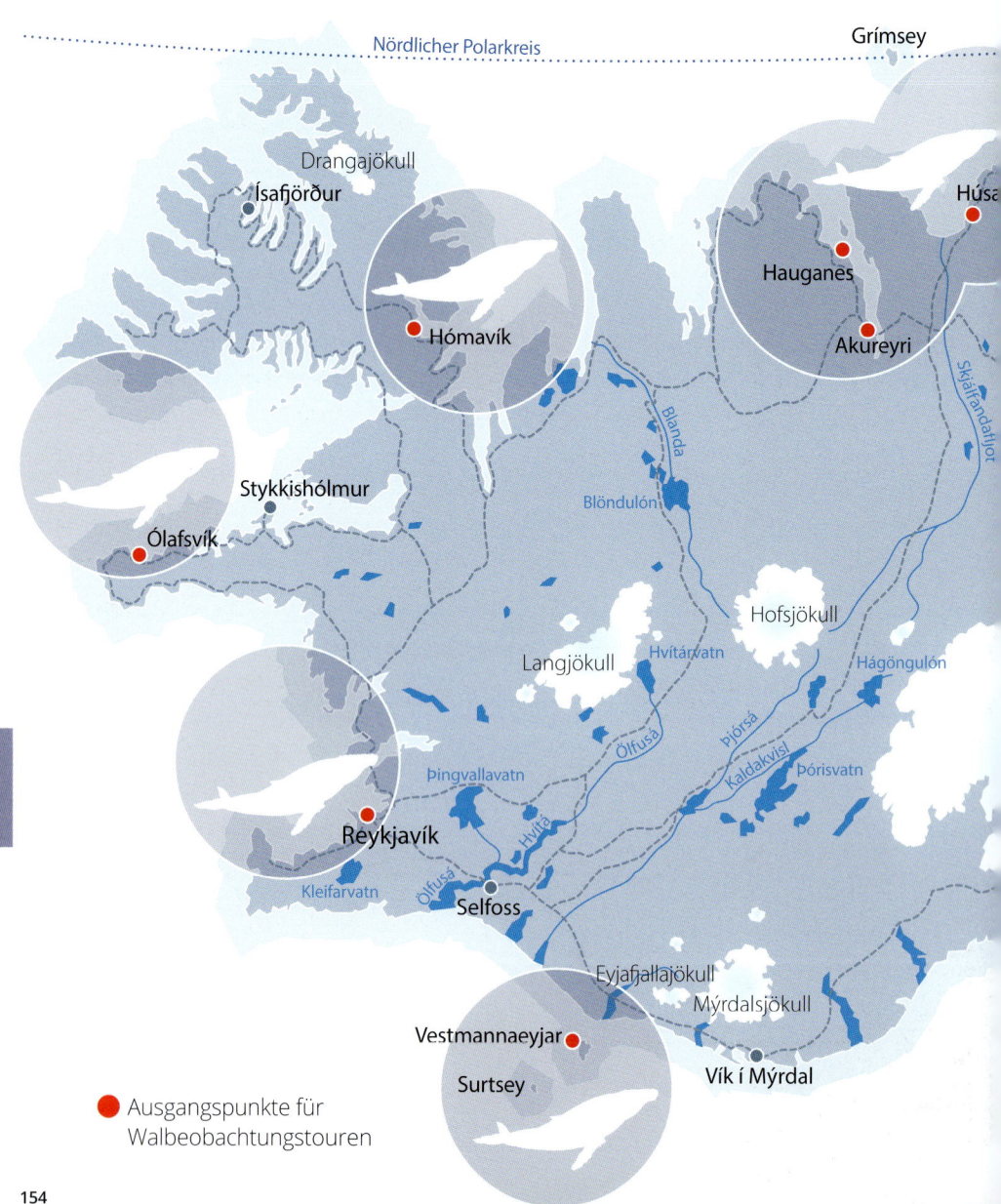

● Ausgangspunkte für Walbeobachtungstouren

Während die Schwanzflosse (Fluke) bei Fischen immer senkrecht steht, ist sie bei Walen waagrecht ausgerichtet.

Wale werden in zwei große Gruppen eingeteilt: die Bartenwale und die Zahnwale. Die Bartenwale verdanken ihren Namen einer Reihe von Hornplatten (Barten) im Maul, die zur Nahrungsaufnahme dienen. Die Tiere nehmen eine große Menge Wasser im Maul auf, das dann durch die Barten gedrückt wird. Dabei bleiben Kleintiere hängen. Die Barten sind damit eine Art Seih- oder Filterapparat. Charakteristisch für die Bartenwale ist auch das paarige Blasloch, während Zahnwale ein unpaariges Blasloch besitzen.

Wie der Name schon andeutet, verfügen die Zahnwale über Zähne. Zu dieser Gruppe gehören auch die Delfine. Im Gegensatz zu Bartenwalen nehmen Zahnwale ihre Nahrung mit den Zähnen auf. Sie ernähren sich überwiegend von Fischen und Kopffüßern. Die Zähne dienen aber lediglich zum Greifen der Beute und nicht zum Zerkleinern.

Die Bilder auf den folgenden Seiten zeigen die Walarten so, wie man sie üblicherweise bei Beobachtungstouren sieht.

Nördlicher Zwergwal
Balaenoptera acutorostrata

Länge: 7 – 10 m, Gewicht: 10 – 15 t

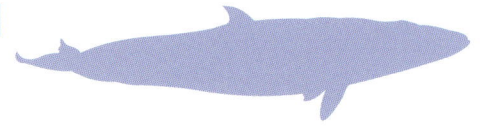

Der nördliche Zwergwal, oft auch Minkwal genannt, ist auf der gesamten Nordhalbkugel verbreitet und gehört zu den Bartenwalen (Familie Furchenwale). Er ernährt sich überwiegend von Leuchtkrebsen, Schwarmfischen und Kopffüßern.

Zwergwale werden in Island schon seit dem Mittelalter gejagt, die kommerzielle Jagd wurde um 1930 aufgenommen, nachdem die Bestände der anderen großen Walarten fast vernichtet waren. Da sich Zwergwale gerne in Küstennähe aufhalten, können Sie oft bei Walbeobachtungsfahrten gesehen werden und auch von der Küste aus sind sie häufig zu beobachten.

Buckelwal
Megaptera novaeangliae

Länge: 11 – 15 m, Gewicht: 25 – 30 t

Buckelwale gehören zur Familie der Furchenwale. Charakteristisch sind die sehr langen Brustflossen (Flipper), die wie der Ober- und Unterkiefer mit Beulen besetzt sind.

Buckelwale ernähren sich von Krill und von Schwarmfischen. Einige Populationen haben dabei eine besondere Jagdtechnik entwickelt. Sie tauchen unter einen Fischschwarm und umkreisen ihn von unten. Dabei lassen sie kleine Luftblasen aus dem Blasloch entweichen. Die aufsteigenden Blasen bilden eine Art Netz um die Fische. Mit weit aufgerissenem Maul schwimmen die Wale in diesem Kreis an die Oberfläche und können so die dort konzentrierte Nahrung aufnehmen. Buckelwale verweilen nach einem Tauchgang mehrere Minuten nahe der Wasseroberfläche und tauchen immer wieder auf, um zu atmen. Wenn sie wieder länger abtauchen, heben sie meistens die Schwanzflosse aus dem Wasser.

Finnwal
Balaenoptera physalus

Länge: 18 – 22 m, Gewicht: 30 – 80 t

Nach dem Blauwal ist der Finnwal die zweitgrößte Walart. Auch Finnwale kommen in allen Meeren vor, sie gehören ebenfalls zur Familie der Furchenwale. Der Finnwal ist akut vom Aussterben bedroht. Ernährungsgrundlage dieser Walart sind schwarmbildende Leuchtkrebse, Schwarmfische und Kopffüßer. Da der Finnwal die Küste meidet, wird man ihn nur selten beobachten können.

Weißschnauzendelfin
Lagenorhynchus albirostris
Länge: 2,5 – 2,8 m, Gewicht: 180 – 275 kg

Weißseitendelfin
Lagenorhynchus acutus
Länge: 2,0 – 2,5 m, Gewicht: 160 – 200 kg

Beide Delfinarten sind im Nordatlantik und in der Nordsee relativ weit verbreitet. Sie ernähren sich hauptsächlich von Fischen (z.B. Dorsch, Hering) und von Wirbellosen. Entlang der isländischen Küste sind beide Arten aber nur relativ selten zu sehen.

Schwertwal
Orcinus orca

Länge: 5,5 – 9,8 m, Gewicht: 2,6 – 9,0 t

Der Schwertwal, oft auch Killerwal genannt, ist weltweit verbreitet und eine der häufigsten Walarten. Vor allem bei männlichen Schwertwalen ist die Rückenflosse (Finne) oft sehr lang. Auf die lange Finne geht auch die Bezeichnung Schwertwal zurück.

Schwertwale haben ein breites Nahrungsspektrum. Neben Fischen und Kopffüßern fressen sie auch Wale, Robben, Seekühe und Meeresvögel. Sie gehören zur Familie der Delfine und sind in isländischen Gewässern recht häufig anzutreffen. Insbesondere in den Wintermonaten folgen sie den Heringsschwärmen entlang der Küste und in die Fjorde.

Pottwal
Physeter macrocephalus

Länge: 12 – 18 m, Gewicht: 30 – 50 t

Der Pottwal (auch Spermwal genannt), ist der größte Vertreter der Zahnwale und in der Systematik einer eigenen Familie (Physeteridae) zugeordnet. In seinem Kopf, der fast ein Drittel der Körperlänge ausmacht, befindet sich das sogenannte Walratkissen, eine wachsartige Substanz, die von frühen Walfängern für Sperma gehalten wurde. Vermutlich dient sie dem Druckausgleich bei Tauchgängen in bis zu 2.000 m Tiefe. Pottwale ernähren sich vor allem von Tintenfisch, Rotbarsch, Heilbutt, Rochen und Tiefseekraken. Sie sind im Seegebiet zwischen Island und Grönland zu finden.

Üblicherweise liegen sie fünf bis zehn Minuten ruhig atmend an der Oberfläche und tauchen dann bis zu einer Stunde ab, dabei heben sie meist die Schwanzflosse aus dem Wasser.

Grindwal
Globicephala melas

Länge: 6 – 7 m, Gewicht: 2 – 3 t

Grindwale sind vor allem im Sommer in den isländischen Gewässern in Familien anzutreffen. Sie sind nahe mit den Schwertwalen verwandt, aber etwas kleiner als diese. Allgemein gelten sie als recht neugierig und verspielt, oft springen sie aus dem Wasser, um zu sehen, was über der Wasseroberfläche gerade passiert. Sie ernähren sich hauptsächlich von Kopffüßern und Fischen und erreichen bei der nächtlichen Nahrungssuche Tauchtiefen bis zu 600 m.

Walfang

Wale waren für die Isländer in früheren Zeiten oft die einzige Möglichkeit, zu überleben. Ein gestrandeter Wal stellte einen unglaublichen Reichtum dar und der Finder war verpflichtet, seine Nachbarn zu informieren. Der gewaltige Fleischvorrat konnte die Bevölkerung eines ganzen Landstriches monatelang ernähren. Nicht ohne Grund verwendet man auch heute noch in Island den Ausspruch „Wal gehabt" statt „Schwein gehabt", wenn jemand Glück hatte.

Angespülter Pottwal-Kadaver (Snæfellsnes)

Der organisierte Walfang begann etwa im 12. Jahrhundert – allerdings nicht in Island, sondern in der Biskaya. Wale stellten eine wichtige Rohstoffquelle dar und vor allem der Tran wurde für die Erzeugung von Öl, Kerzen und Seife genutzt. Nachdem die nutzbaren Walarten in den spanischen Gewässern fast ausgerottet waren, suchten sich die Walfänger neue Jagdgebiete. Zahlreiche Dokumente aus dem 16. und 17. Jahrhundert machen deutlich, dass die Basken die isländischen Gewässer als eines ihrer wichtigsten Jagdgebiete ansahen. Im 17. und 18. Jahrhundert beteiligten sich dann auch andere Länder zunehmend am Walfang – nicht zuletzt, um an „Fischbein" zu gelangen, das zur Herstellung von Korsetts für die Dame von Welt Verwendung fand. Der Walfang zu dieser Zeit war noch ein sehr gefährliches Handwerk, da die Beute mit der Hand harpuniert werden musste – technische Hilfsmittel für den Fang und die Verarbeitung standen praktisch nicht zur Verfügung.

Mit der Entwicklung von Dampfschiffen und Harpunen, die mit Kanonen abgeschossen wurden, begann im 19. Jahrhundert ein neues Zeitalter des Walfangs. Ende des

19. Jahrhunderts waren die Walbestände vor den Küsten Europas so weit dezimiert, dass ein Fang nicht mehr wirtschaftlich war. Norwegen errichtete um 1880 auf Island mehrere Walfangstationen, die nach etwa 30 Jahren aber wieder demontiert und in die Antarktis transportiert wurden - dort hatte man riesige Walbestände entdeckt und konnte die Anlagen gewinnbringender betreiben.

In der zweiten Hälfte des 20. Jahrhunderts wurden u.a. von den Japanern riesige Fabrikschiffe in Betrieb genommen. Damit war der Walfang auch auf dem offenen Meer weitab der Küsten möglich. Die Walfangboote brachten ihre Beute zum Mutterschiff, dort wurden die Wale über eine Rampe am Heck des Schiffes an Bord gezogen und verarbeitet.

Nachdem viele Walarten an den Rand der Ausrottung getrieben waren, beschloss die Internationale Walfangkommission IWC 1983 ein Fangverbot. Daran sind allerdings nur Länder gebunden, die das entsprechende Abkommen unterzeichnet haben.

Wie schon erwähnt, stellten gestrandete Wale in früherer Zeit eine wichtige Nahrungsquelle für die Isländer dar. Da die Isländer selbst nur über kleine Ruderboote verfügten, nahmen sie selbst kaum am Walfang teil. Wale, die vom Treibeis eingeschlossen waren, wurden getötet und genutzt, gelegentlich wurden auch Kleinwale in flache Gewässer getrieben und dort getötet.

Walfangstation im Hvalfjörður

Nachdem von den ausländischen Walfängern die Bestände in den isländischen Gewässern stark dezimiert worden waren, erließ die Regierung 1915 ein Gesetz zum Schutz der Wale. Es wurde 1928 wieder geändert und erlaubte den Isländern, in heimischen Gewässern Wale zu jagen, verpflichtete die Fischer aber, alle Teile der Tiere zu nutzen. Im Jahr 1935 betrieben die Isländer erstmals selbst modernen Walfang, 1948 ging die Walfangstation im Hvalfjörður in Betrieb.

In den Folgejahren wurden vor allem Finnwale, Seiwale und Zwergwale gefangen, für Blauwale, Pottwale und Buckelwale wurde bald ein Fangverbot erlassen, um in den isländischen Gewässern deren Ausrottung zu verhindern. Pro Jahr wurden bis zu 400 Wale gefangen und an Land verarbeitet, Fabrikschiffe gab es in Island nicht.

Nachdem 1986 das Fangverbot der IWC in Kraft trat, wurden seit 1989 in Island keine Wale mehr gefangen, auch nicht zu wissenschaftlichen Zwecken. Verschiedene Naturschutzorganisationen versuchten nach 1986, vor allem in Norwegen und Japan den Walfang zu verhindern. Die Bemühungen zeigten aber nur wenig Erfolg und so wandte man sich der kleinsten Walfangnation zu. In den Medien wurde dazu aufgerufen, aus Protest gegen den Walfang isländische Fischereiprodukte zu boykottieren. Der Aufruf wurde in Europa weitgehend unterstützt. Da Island wirtschaftlich vom Fischfang abhängt, war die Regierung schließlich gezwungen, den Walfang zu

Link zu YouTube: Zerlegung eines Finnwals:

verbieten. Von den Naturschützern wurde dies als großer Erfolg gefeiert, während das eigentliche Ziel, nämlich die Einstellung des Walfangs in Norwegen und vor allem in Japan, nicht erreicht wurde. Als 1991 das Fangverbot durch die IWC verlängert wurde, trat Island aus der Kommission aus, hat den Walfang aber bis 2003 nicht wieder aufgenommen.

Im Jahr 2002 trat Island der IWC wieder bei. Im Jahr 2003 begann das Land unter internationalem Protest mit dem Walfang zu wissenschaftlichen Zwecken. Bis zum Ende der Fangsaison 2005 wurden rund 100 Zwergwale geschossen. Seit Oktober 2006 werden Wale wieder kommerziell gefangen. Die Fangquoten werden jährlich neu festgelegt und betragen für Finnwale ca. 150 Tiere, für Zwergwale ca. 200 Tiere. In den letzten Jahren wurden die Quoten in der Regel nicht ausgeschöpft und aus verschiedenen Gründen wurde in manchen Jahren komplett auf den Walfang verzichtet.

Wirtschaftlich gesehen spielt der Walfang für Island praktisch keine Rolle und interessant ist auch die Tatsache, dass mehr als die Hälfte des Walfleisches von Touristen verzehrt wird.

Ein Finnwal wird zerlegt

Walbeobachtungen

An vielen Orten in Island werden Walbeobachtungstouren angeboten. Die meisten Angebote gibt es in Reykjavík, dort sieht man hauptsächlich Zwergwale und gelegentlich auch Buckelwale. Rund um die Westmännerinseln und vor der Halbinsel Snæfellsnes sind Schwertwale (Orkas) besonders häufig. Bei Walbeobachtungstouren im Norden von Island sind regelmäßig Buckelwale zu sehen. Vor allem in den Sommermonaten ist es wegen der großen Nachfrage empfehlenswert, die Touren vorab zu reservieren. Links zu den Angeboten gibt es am Anfang des Kapitels „Wale". Eine Garantie für eine Walsichtung gibt es natürlich nicht – die isländische Natur ist kein Zoo und Wale in Komplettansicht findet man in den Walmuseen in Húsavík und Reykjavík.

Die Touren werden mit traditionellen Booten und mit sehr schnellen RIB-Boats (Festbodenschlauchboote) durchgeführt. Mit den RIB-Boats ist man deutlich schneller und hat bessere Chancen, den Walen sehr nahe zu kommen. Allerdings gleicht die Walbeobachtung manchmal eher einer Jagd auf die Tiere. Soweit wetterbedingt notwendig, werden von den meisten Anbietern Overalls gestellt, die trocken und warm halten.

Auf allen Beobachtungsbooten wird für Richtungsangaben ein spezielles System genutzt. Taucht ein Wal direkt in Fahrtrichtung auf, wird das als „Richtung 12 Uhr" angegeben. Entsprechend würde „Richtung 3 Uhr" einen Wal genau rechts vom Boot angeben, „Richtung 9 Uhr" genau links vom Boot und „Richtung 6 Uhr" wäre ein Wal hinter dem Boot.

Es ist übrigens ziemlich schwierig, die Tiere zu fotografieren, da sie immer nur wenige Sekunden zu sehen sind. Vielleicht lohnt es sich, die Kamera einmal weg zu packen und einfach nur mit den Augen zu beobachten – Natur live und nicht durch den Sucher der Kamera!

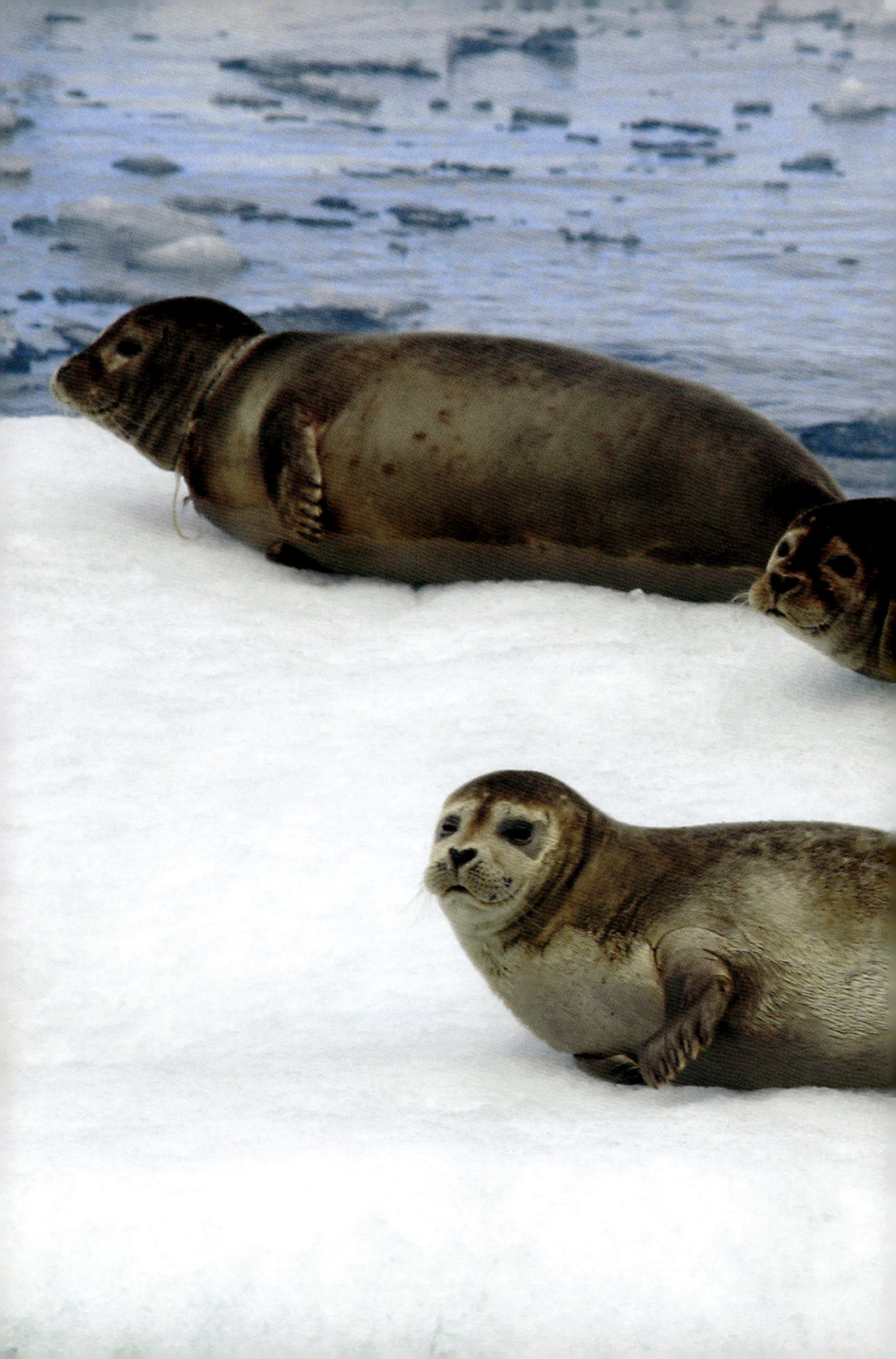

Wildtiere

Polarfuchs
Alopex lagopus

Der Polarfuchs erreicht eine Körperlänge von etwa 60 cm und trägt im Winter ein weißes Fell („Eisfuchs"), während es im Sommer eher bräunlich ist. Polarfüchse sind damit die einzigen Vertreter aus der Gruppe der Wildhunde, die ihr Fell jahreszeitlich wechseln. Wie viele andere Tiere, die in polaren Regionen leben, hat auch der Polarfuchs behaarte Pfoten als Kälteschutz. Die kurze Schnauze, kleine Ohren, kurze Beine und das isolierende Fell mit dichter Unterwolle sind ebenfalls Anpassungen an den kalten Lebensraum.

Eisfüchse sind vor allem in den nördlichen Regionen Islands verbreitet. Ihr Nahrungsspektrum ist breit und sie ernähren sich neben Vögeln auch von Eiern, Fisch, Krebstieren, Schnecken, Würmern und Muscheln.

Für die Geburt und Aufzucht ihrer Jungen suchen Polarfüchse Plätze, die nicht direkt vom Permafrost betroffene Bodenbereiche bieten. Dort legen sie umfangreiche Tunnelsysteme mit mehreren Eingängen an und nutzen diese Bauten teilweise mehrere hundert Jahre. Polarfüchse sind monogam und bleiben ein Leben lang zusammen. Die drei bis neun Jungen pro Wurf werden zwischen Mitte Mai und Mitte Juni geboren. Nach etwa vier Wochen verlassen die Jungtiere erstmals die Geburtshöhle.

Rentier
Rangifer tarandus

Rentiere erreichen eine Körperlänge von etwa 200 cm. Das Sommerfell ist braun mit heller Brust und hellem Bauch. Das Winterfell ist insgesamt etwas heller. Bei den Rentieren tragen sowohl die Männchen als auch die Weibchen ein Geweih, das Geweih der männlichen Tiere ist deutlich größer, als das der weiblichen. Die Rentierhufe sind relativ breit und können durch eine Spannhaut weit gespreizt werden. So ist ein sicherer Gang sowohl in steinigem, als auch auf schlammigem Untergrund und Schnee gewährleistet. Rentiere ernähren sich im Sommer bevorzugt von Gras, im Winter müssen sie sich mit Flechten, Moosen und Pilzen begnügen.

In Island wurden Rentiere im 18. Jahrhundert eingeführt. Sie sollten helfen, die Ernährungssituation der Bevölkerung zu verbessern. Rentiere leben im Osten Islands während der Sommermonate im Hochland, im Winter kommen sie auch in die Täler. Die Jagdsaison dauert von Juli bis September.

Seehund
Phoca vitulina

Der Seehund ist mit einer Körperlänge von 140 – 170 cm und einem Gewicht von 100 – 150 kg die kleinste Robbenart an der Küste Islands. Seehunde bevorzugen Küstenabschnitte, die bei Ebbe trocken fallen. Besonders häufig sind sie in den Westfjorden, entlang der Halbinseln Vatnsnes und Snaefellsnes sowie an der Gletscherlagune Jökulsárlón. Oft ruhen Sie an Stränden oder auf Sandbänken. Ein unverkennbares Anzeichen von Entspannung ist die „Bananenstellung". Dabei befinden sich Kopf und Hinterteil in der Luft und die markante Bananenform ist zu erkennen.

Seehunde sind gute Schwimmer und können bei Tauchgängen von 30 Minuten Dauer bis zu 200 m tief tauchen. Dabei jagen erwachsene Seehunde verschiedene Fischarten wie Kabeljau und Hering. Die Jungtiere ernähren sich vor allem von Weichtieren und Krebsen. Die Lebenserwartung von Seehunden liegt bei 20 bis 35 Jahren. Seehunde sind wenig sozial und eher Einzelgänger.

Kegelrobbe
Halichoerus grypus

Die Kegelrobbe ist neben dem Seehund die zweite ständig an der isländischen Küste lebende Robbenart. Beide Arten wurden über Jahrhunderte gejagt und waren in vielen Landesteilen für Isländer überlebenswichtig. Neben Fleisch lieferten sie auch Fett und Pelze. Auch heute werden vereinzelt noch Robben gejagt.

Kegelrobben verdanken ihren Namen dem kegelförmigen Kopf. Sie können etwa 20 Minuten tauchen und erreichen dabei eine Tiefe bis zu 140 m. Ähnlich wie Seehunden ernähren sie sich hauptsächlich von Fisch. Ein ausgewachsenes Tier benötigt bei einem Körpergewicht von 200 bis 300 kg etwa 10 kg Nahrung pro Tag. Kegelrobben sind sogenannte opportunistische Räuber. Sie jagen die leichteste verfügbare Beute und fressen auch als Erwachsene neben Fisch auch Krebs- und Weichtiere wie Garnelen und Schnecken. Zwischen den einzelnen Jagdausflügen liegen Kegelrobben gerne in kleinen Gruppen an Land. Während der Paarungszeit bilden sie sogar kleine Kolonien.

Angeltouren   Baden

Wirtschaft

Wirtschaft

Fischerei

Island ist arm an Bodenschätzen, auch Landwirtschaft kann nur in kleinem Maßstab betrieben werden. Die Fischerei war deshalb für Island über Jahrhunderte der wichtigste Wirtschaftsfaktor. Bereits im ausgehenden Mittelalter wurde z.B. Stockfisch nach England exportiert. Über Jahrhunderte hinweg wurde nur küstennaher Fischfang betrieben. Erst gegen Ende des 19. Jahrhunderts erfolgte langsam der Übergang zur Hochseefischerei. Während des zweiten Weltkrieges war Island der einzige bedeutende skandinavische Lieferant von Fischereiprodukten, in den anderen nordischen Ländern war die Fischerei durch die Kriegswirren praktisch lahmgelegt. Die erzielten Gewinne setzte Island zur Modernisierung der Fischereiflotte ein und verfügte so nach dem Krieg über eine der modernsten Flotten der Welt - Grundlage der stürmischen Entwicklung des Landes in den folgenden Jahrzehnten.

Zum Schutz der Fischgründe wurde 1631 erstmals eine Schutzzone von 32 Seemeilen festgelegt. Sie wurde jedoch wieder aufgehoben und erst im Jahr 1901 wurde eine neue Schutzzone von 3 Seemeilen festgelegt. Nach dem zweiten Weltkrieg führte der Einsatz der modernen Fangflotte innerhalb weniger Jahre zur Überfischung der isländischen Gewässer. Deshalb wurde die Schutzzone 1952 auf 4 Seemeilen ausgedehnt. Wegen erneuter Überfischung wurde die Zone 1959 dann auf 12 Seemeilen erweitert.

Fischerboote im Hafen von Stykkishólmur

Anfang der 70er Jahre brachen die Bestände wirtschaftlich genutzter Fischarten wieder ein. Island erweiterte die Schutzzone auf 50 Seemeilen. Es kam zum Streit zwischen Island und Großbritannien, denn die Briten waren nicht bereit, die erweiterte Schutzzone zu akzeptieren. Der Streit eskalierte und britische Trawler wurden von Kriegsschiffen begleitet. Dieser erste „Kabeljau-Krieg" wurde schließlich auf dem Verhandlungsweg beigelegt. Da die Erweiterung der Schutzzone auf 50 Seemeilen nicht die erhoffte Wirkung zeigte, wurde die Schutzzone 1975 auf 200 Seemeilen erweitert. Es kam erneut zum Streit zwischen Island und den Briten, auch der zweite „Kabeljaukrieg" wurde aber auf dem Verhandlungsweg beigelegt. Die 200 Meilen Zone ist heute internationaler Standard und völkerrechtlich anerkannt.

Die Fischbestände erholten sich trotz der Schutzzone nur langsam. Da die Fischerei jedoch neben dem Tourismus und der Aluminiumindustrie auch heute noch einer der wichtigsten Wirtschaftsfaktoren des Landes ist, waren weitere Schutzmaßnahmen notwendig. 1984 wurde ein Quotensystem eingeführt.

Die Gewässer um Island sind besonders fischreich, da der warme Irmingerstrom (Golfstrom) und der kalte Ostgrönlandstrom vor der Küste aufeinandertreffen. Zudem ist das Wasser kaum mit Giftstoffen belastet. Pflanzen wachsen bis zu einer Tiefe von 40 m und in den Gewässern um Island leben rund 270 Fischarten. Allerdings werden zur Zeit nur etwa 25 Fischarten regelmäßig genutzt, besondere Bedeutung haben Kabeljau, Schellfisch, Seebarsch und Plattfische. Die wichtigsten Abnehmer isländischer Fischereiprodukte sind neben den USA vor allem England und Deutschland. Seit 1991 können isländische Fischereiprodukte in die Europäische Union zollfrei eingeführt werden.

Fangmengen wichtiger Fischarten:

Fischart	1995 (t)	2000 (t)	2005 (t)	2010 (t)	2017 (t)
Lodde (Capelin) – Mallotus villosus	715.000	892.000	605.000	102.000	180000
Schellfisch (Haddock) Melanogrammus aeglefinus	60.000	42.000	96.000	64.000	36000
Köhler (Saithe) – Pollachius virens	47.000	33.000	67.000	54.000	49000
Rotbarsch (Redfish) – Sebastes marinus	119.000	116.000	61.000	71.000	58.000
Steinbeißer (Catfish) – Anarhichas lupus	13.000	15.000	15.000	12.000	—
Blauer Wittling (Blue whiting) Micromesistius poutassou	370	260.000	265.000	87.000	229000
Kabeljau (Cod) – Gadus morhua	168.000	238.000	212.000	178.000	250000
Hering – Clupea spec.	284.000	287.000	265.000	254.000	46000
Shrimps	76.000	33.000	8.600	7.700	4500
Plattfische	53.000	30.000	27.000	24.000	—

Gammelhai und Stockfisch

Trockenfisch oder auch Stockfisch ist wegen des doch recht strengen Duftes nicht jedermanns Sache. Abgesehen vom Einlegen in Salz war die Trocknung früher aber eine der wenigen Möglichkeiten, Fisch zu konservieren. Die Technik wurde bereits von den ersten Siedlern aus Norwegen mitgebracht. Der Fisch wurde für 2 bis 3 Monate an Holzgestellen aufgehängt und war dann lange Zeit haltbar. Die qualitativ hochwertigste Ware (Filet) wurde vor allem in die katholischen Mittelmeerländer geliefert, getrocknete Köpfe nach Nigeria – dort werden sie noch heute für die Zubereitung von Fischsuppe verwendet.

Heute wird der größte Teil des Trockenfisches in Trockenöfen oder im Gefriertrocknungsverfahren hergestellt. So werden aus einem Kilo Frischfisch innerhalb kurzer Zeit rund 150 g Trockenfisch – das erklärt auch den scheinbar hohen Preis. Wer nach der Theorie Lust auf Stockfisch bekommen hat, kann in unserem Shop auf islandeinkauf.de eine Portion bestellen.

In den arktischen Gewässern Islands und rund um Grönland ist der Eishai (Somniosus microcephalus) weit verbreitet. Die Tiere können nach neueren Forschungserkenntnissen mehrere hundert Jahre alt werden. Sie können eine Länge von 8 Metern und ein Gewicht von mehr als 2 Tonnen erreichen. Heute werden die Haie nicht mehr aktiv gefangen. Nur als Beifang angelandete Tiere werden genutzt.

Ihr Fleisch ist im Rohzustand ungenießbar, denn es enthält große Mengen Harnstoff. Der Hai wird ausgenommen und das Fleisch in mehrere Kilo schwere Stücke zerteilt. Das Fleisch wird für mehrere Wochen in einem Kunststofftrog durch Milchsäurebakterien fermentiert. Die Milchsäure konserviert das Fleisch und gleichzeitig wandeln die Bakterien den Harnstoff in Ammoniak um.

Nach der Fermentation wird das Fleisch noch zum Trocknen aufgehängt. Dazu werden spezielle Haifischhäuser genutzt. Sie sind überdacht, aber die Seiten sind offen. Wind und frische Luft lassen Ammoniak verdunsten. Danach kann das Fleisch verzehrt werden und ist lange haltbar. Der Geschmack ist sehr kräftig und erinnert ein wenig an einen sehr reifen Käse.

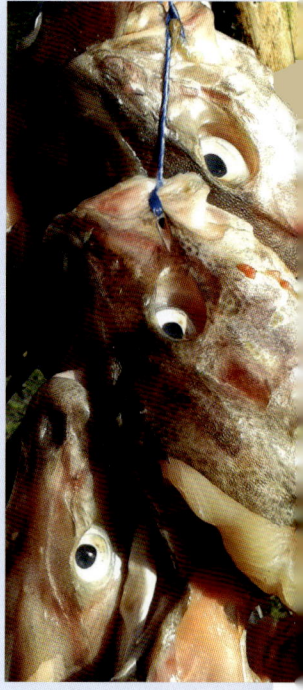

Fischzucht (Aquakultur)

Bereits seit Ende der 1980er Jahre wird in Island Fisch gezüchtet. Vor allem Lachs wird in den großen Schwimmkäfigen produziert, die gelegentlich in Fjorden zu sehen sind. Island spielt mit rund 30.000 Tonnen pro Jahr (2019) weltweit gesehen aber keine große Rolle in diesem Geschäft. Zum Vergleich – alleine in Norwegen wird pro Jahr über 1 Mio. Tonnen Lachs produziert (2016).

Lange galt die Zucht von Fisch in Aquakulturanlagen als ökologisch problematisch, aber durch fortwährende technische Weiterentwicklung und strenge staatliche Auflagen wurden in dieser Hinsicht deutliche Fortschritte erzielt. Heute sind die großen Schwimmkäfige gemäß dieser Vorschriften zu 97,5 % mit Wasser und 2,5 % mit Fisch gefüllt. Sie haben einen Durchmesser bis zu 60 m und sind bis zu 50 m tief, mehrere 100.000 Lachse werden in einem Käfig gehalten. Nach einem Aufzuchtzyklus, der etwa zwei Jahre dauert, muss das Areal eine bestimmte Zeit ungenutzt bleiben, um eine zu starke Belastung der natürlichen Umgebung möglichst zu vermeiden.

Nach der künstlichen Befruchtung der Eier werden die Lachsembryonen 60 Tage im Süßwasser gehalten, bis sie schlüpfen. Nachdem die Jungfische weitere 16 Monate im Süßwasser gewachsen sind, wechseln sie in die Schwimmkäfige im Meer. Bis die Tiere ihr Schlachtgewicht von vier bis sechs Kilogramm erreichen, vergehen weitere 14 bis 22 Monate.

Fischzuchtanlage im Berufjörður

Auch der Einsatz von Antibiotika wurde in den letzten Jahren, dank maschinell durchgeführter Impfungen, deutlich reduziert. Im Schnitt kommen heute auf eine Tonne Lachs noch 0,14 g Antibiotika, gegenüber der Anfangszeit der Zucht ein Rückgang um 99%. Im Kampf gegen die Lachslaus, einen parasitischen Kleinkrebs, setzt man ebenfalls auf innovative Lösungen wie z.B. die Behandlung mit Süßwasser oder warmem Wasser.

Die Fütterung wird heute weitgehend automatisch gesteuert und mit Unterwasserkameras in den Käfigen überwacht. So wird effektiv vermieden, dass unnötig Futter mit Druckluft von den Futterautomaten in die Käfige geschossen wird, wenn die Lachse satt sind. Man vermeidet damit unnötige Kosten und gleichzeitig auch das Absinken von Futterresten auf den Meeresboden – früher ein häufiges Problem, da es am Meeresgrund zur Bildung von Faulschlamm und Sauerstoffmangel führte.

Neben Lachs werden auch andere Fischarten gezüchtet. Dabei wird auch überschüssige Wärme aus Geothermalkraftwerken genutzt, um Wasser für die Zucht tropischer Speisefische in geschlossenen Anlagen zu erwärmen.

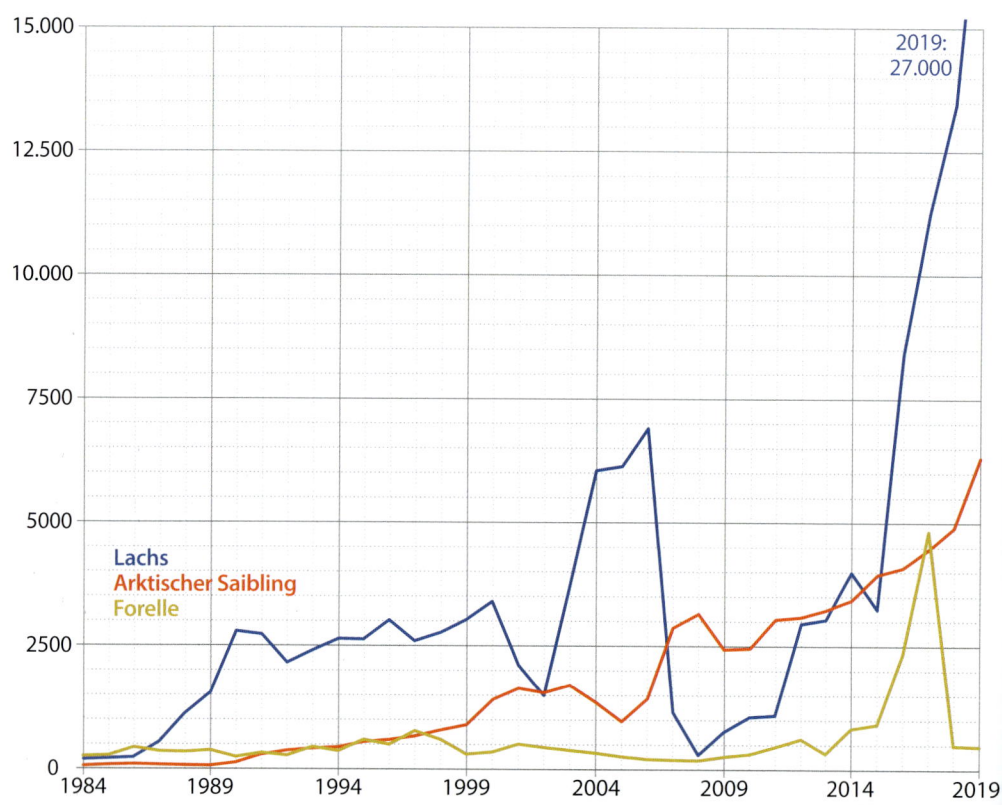

Produktionsmengen von Zuchtfisch. Horizontal: Produktionsjahr, vertikal Produktionsmenge in Tonnen

Regenerative Energiequellen

Die Nutzung der Wasserkraft hat in Island schon eine relativ lange Tradition. Bereits Anfang des 20. Jahrhunderts fertigten Bauern die ersten Turbinen an, um für den Eigenbedarf Strom zu erzeugen. Einige der damals genutzten Turbinen blieben bis heute erhalten und sind u.a. im Heimatmuseum von Skógar zu sehen.

Bereits im Jahr 1899 brannten in Reykjavík die ersten elektrischen Lichter in einzelnen Häusern und es wurde diskutiert, ein flächendeckendes Stromnetz in der Stadt aufzubauen. Doch erst im Jahr 1921 wurde im Elliðaár-Tal in unmittelbarer Nähe von Reykjavík das erste größere Wasserkraftwerk in Betrieb genommen. Seine Kapazität reichte gerade aus, um die Einwohner der Hauptstadt mit Strom für elektrische Beleuchtung zu versorgen.

Durch den zunehmenden Stromverbrauch der Haushalte und vor allem durch die Bemühungen, energieintensive Industrie (z.B. Aluminiumwerke) durch günstige Strompreise (ca. 0,15 € pro kWh für Haushalte und 0,05 € pro kWh für Industrieabnehmer) zur Ansiedlung zu bewegen, bestand Bedarf an weiteren Kraftwerken. Obwohl die einzelnen Projekte gewaltige Ausmaße haben, wird bisher nur ein Teil der wirtschaftlich nutzbaren Wasserkraft in Island auch tatsächlich genutzt. Ob die Nutzung aller verfügbaren Ressourcen sinnvoll ist, wird auch in Island zunehmend hinterfragt. Zwar handelt es sich bei der Wasserkraft um eine regenerative Energiequelle, allerdings geht der Bau der großen Kraftwerke mit teils gravierenden Eingriffen in die Natur einher.

Schon die alten Isländer wussten die wohltuende Wärme aus der Erde zu nutzen. Davon zeugen nicht nur entsprechende Schilderungen in Sagas, sondern z.B. auch die Überreste des Badebeckens von Snorri Sturluson aus dem 12. Jahrhundert. Später wurden in Reykjavík die natürlichen heißen Quellen von Hausfrauen genutzt, um Wäsche zu waschen. Die moderne Nutzung der Erdwärme begann in Reykjavík um das Jahr 1930, als mit dem Aufbau eines Fernwärmesystems begonnen wurde.

In Island sind heute etwa 30 regionale Fernwärmesysteme in Betrieb. In den meisten Fällen wird die gesamte Bevölkerung der entsprechenden Gebiete versorgt, der Gesamtanteil der an Fernwärmenetze angeschlossenen Haushalte liegt bei über 90%. Die 30 größeren Fernheizungen werden von den Kommunen betrieben. Daneben gibt es noch viele kleinere privat betriebene Netze, die jeweils mehr als 50 Personen versorgen sowie in ländlichen Gebieten eine große Zahl privater Kleinanlagen zur Versorgung einzelner Gehöfte. Die städtische Fernheizung im Großraum Reykjavík ist mit Abstand die größte Anlage dieser Art und versorgt etwa 260.000 Menschen, was mehr als zwei Dritteln der Gesamtbevölkerung Islands entspricht.

In den letzten Jahrzehnten wurden vor allem im Südwesten von Island mehrere große Geothermalkraftwerke errichtet. Sie stellen Fernwärme zur Verfügung und erzeugen Strom. Zahlreiche Bohrlöcher gewinnen den zum Betrieb der Kraftwerke notwendigen Dampf aus Tiefen von mehreren tausend Metern.

Geothermalkraftwerk Svartsengi (Reykjanes)

Der vergleichsweise billige Strom wird in Island auch von verschiedenen Großabnehmern genutzt. Neben Aluminiumwerken in Hafnafjördur, im Hvalfjördur und im Reydafjördur wird auch eine Anlage zur Produktion von Silizium in Husavik sowie eine Ferrosiliziumfabrik im Hvalfjördur mit günstiger Energie beliefert. Auch mehrere Rechenzentren gehören zu den Großabnehmern.

Stromerzeugung pro Jahr in GWh	1995	2000	2005	2010	2015
Wasserkraftwerke	4677	6350	7015	12.592	13.781
Geothermalkraftwerke	290	1323	1658	4465	5003

Landwirtschaft

Island war bis in das 20. Jahrhundert ein landwirtschaftlich geprägtes Land. Bei einer Volkszählung im Jahr 1703 waren 69% der Bevölkerung ausschließlich in der Landwirtschaft tätig, 30% betrieben neben der Landwirtschaft noch Fischerei. Zu dieser Zeit waren also rund 99% der Bevölkerung in der Landwirtschaft beschäftigt. Ende des 19. Jahrhunderts erfolgte dann der Übergang zur Hochseefischerei. Die Landbevölkerung fand hier neue Arbeitsplätze und so waren 1901 nur noch 50% der Bevölkerung in der Landwirtschaft tätig. Der Trend hat bis heute angehalten und zur Zeit sind etwa 1,9% der isländischen Bevölkerung in der Landwirtschaft tätig (Stand 2018).

Wirtschaft

Die Produktivität der Landwirtschaft konnte in den letzten Jahrzehnten durch den Einsatz von Düngemitteln und ertragreichen Grassorten erheblich gesteigert werden. So wurde auch die Haltung von Kühen möglich und Island ist inzwischen bei Milchprodukten Selbstversorger.

Von der Landfläche Islands (103.000 Quadratkilometer) werden 19,5% als Weideland genutzt, nur 1% ist kultiviertes Land. Neben Kartoffeln (8.000 - 10.000 Tonnen) wird seit einigen Jahren auch wieder Getreide (10.000 - 15.000 Tonnen) angebaut. Roggen und Gerste reift allerdings meist nicht richtig aus und wird vor allem als Viehfutter angebaut.

In geothermal aktiven Gebieten des Landes werden in Gewächshäusern Zierpflanzen und Gemüse angebaut. Die Energie zum Beheizen der Gewächshäuser liefern die heißen Quellen. Die größte zusammenhängende Gewächshausfläche liegt im Südwesten Islands, in der Gewächshausstadt Hveragerði. Etwa 40.000 Quadratmeter sind hier unter Glas, insgesamt gibt es auf Island ca. 200.000 Quadratmeter Gewächshausfläche mit steigender Tendenz.

Gewächshaus in Reykholt (Friðheimar)

Die Zucht von Schafen ist nach wie vor eines der wichtigsten Standbeine der Landwirtschaft. Die Sommermonate verbringen die Tiere auf Weideflächen überall im Land. Meistens sieht man die Schafe in Dreiergruppen, sie bestehen aus einem Mutterschaf und zwei Lämmern. Die Lämmer werden im Mai geboren und verbringen mit den Mutterschafen noch einige Wochen in der Nähe der Bauernhöfe. Dann werden die Tiere auf die Sommerweiden gebracht. Dabei sind die Schafe auf sich selbst gestellt. Anders als in Deutschland gibt es keine Schafherden und keinen Schäfer.

Viele Schafe entfernen sich bei den Wanderungen im Sommer weit von ihrem Hof und kommen sogar ins Hochland. Wenn im Herbst im Hochland die ersten Schneefälle einsetzen, kommen die Tiere wieder in die Täler, weil das Futter knapp wird. Ab September findet dann auch der Schafabtrieb statt. Die Termine werden in den einzelnen Bezirken des Landes festgelegt. Der Schafabtrieb ist in vielen ländlichen Gebieten einer der Höhepunkte des Jahres und die Helfer kommen auch aus der Hauptstadt Reykjavík zu ihren Verwandten aufs Land. Eine lange Kette aus auffällig gekleideten Treibern beginnt in den oberen Tälern die Schafe in Richtung der Pferche zu treiben. Oft erst nach vielen Stunden kommen sie in den unteren Tälern an. Sie treiben hunderte Schafe vor sich her auf lange Zäune zu. Die Zäune laufen im Winkel aufeinander zu und an der schmalsten Stelle befindet sich ein Pferch. Die Tiere werden in die Mitte des Pferchs getrieben und müssen dann mühsam sortiert werden. Dabei ist jedem Bauernhof des Bezirks ein Abteil im äußeren Teil des Pferchs zugeordnet. Die Helfer erkennen die Schafe an ihren Ohrmarken, packen sie an den Hörnern und bringen sie in das richtige Abteil. Dann werden die Tiere auf Viehwagen verladen und zu den einzelnen Höfen gebracht.

Manchmal gehen die Ohrmarken verloren. Deshalb bekommen die Lämmer sofort nach der Geburt auch Schnittmarken in die Ohren. Jeder Hof verwendet eine eigene Schnittmarke und das Buch mit dem Markenverzeichnis ist ein wichtiges Hilfsmittel beim Sortieren der Schafe.

Link zu YouTube | Schafabtrieb in Ostisland:

Schafabtrieb (Grindavík)

Anzeige

Norwegen für Entdecker
beim Spezialisten im Online-Reisebüro auf **postschiffreise.de** buchen!

Beratung inklusive!

Gutscheincode:

PSRNN20

Geben Sie diesen Code bei Ihrer Buchungsanfrage an.
Bei Buchung einer Reise erhalten dann alle Teilnehmer eine Fleece-Mütze und einen Fleece-Schal.

HURTIGRUTEN

BEST PARTNER 2019

Wandern in Island

Island bietet eine Vielzahl interessanter Wanderungen. Gerade auf einer Wanderung kann man die Natur durch den unmittelbaren Kontakt intensiv erleben und viele Dinge entdecken, die bei einer reinen Rundfahrt nicht ins Auge fallen. Einiger der besonders interessanten Wanderungen sind auf www.iceland.de beschrieben und GPS-Tracks stehen zum Download bereit.

www.iceland.de | Island-Aktiv – Wandern in Island:

Baden in heißen Quellen

Einer von vielen Gründen, nach Island zu reisen, sind sicher die heißen Quellen und Bäder im Land. Die Blaue Lagune oder das Myvatn Nature Bath findet wohl jeder, aber es gibt auch viele kleine Bäder und weitgehend naturbelassene heiße Quellen. Viele der genannten Bademöglichkeiten verfügen über keine „Infrastruktur" wie Umkleideräume, doch gerade diese sehr ursprünglichen und einfachen Bäder haben oft auch ihren besonderen Reiz.

www.iceland.de | Landeskunde – Heiße Quellen:

Impressum

Gesamtherstellung:

nea-net internetservice GmbH
www.iceland.de
Bogenstraße 8a
D-91456 Diespeck

Geschäftsführung: Dr. rer. nat. Andreas Rainer, Dipl.-Biol. Univ. Dietmar Schäffer

Autor: Dipl.-Biol. Univ. Dietmar Schäffer
Herausgeber: Dr. rer. nat Andreas Rainer
Grafik und Layout: Peter Hülsberg | 3pix.de

© 2021 nea-net internetservice GmbH

1. Auflage März 2021

ISBN 978-3-931433-10-9

Bildnachweis:

Alle Fotos von Dietmar Schäffer mit Ausnahme von:

- Globus: © NASA (nasa.gov)
- Scharfe Fetthenne: © AnRo0002 (Wikimedia Commons)
- Preiselbeere: © Jonas Bergsten (Wikimedia Commons)
- Arktische Weide: © Alexander Piragis (Adobe Stock)
- Trottellumme: © Anne Morkill (Wikimedia Commons)
- Alpenstrandläufer: © Hans Hillewaert (Wikimedia Commons)
- Knutt: © BrianEKushner (iStock)
- Spießente: © Gerald Corsi (iStock)
- Pfeifente: © blackout9999 (iStock)
- Bergente: © jamesvancouver (iStock)
- Rotdrossel: © slomotiongli (iStock)
- Kolkrabe: © MriyaWildlife
- Gerfalke: © Peter (Adobe Stock)
- Wale-Silhouetten: © Thomas Leonhardy (AdobeStock)
- Kegelrobbe: © RbbrDckyBK (iStock)

Quelle Klimadaten: de.climate-data.org/location/71

Ebenfalls lieferbar:

Von Elfen, Trollen und Gespenstern
Sagenhafte Erzählungen aus Island
80 Seiten, 34 Farbfotos
ISBN 978-3-931433-06-2　|　19,80 EUR

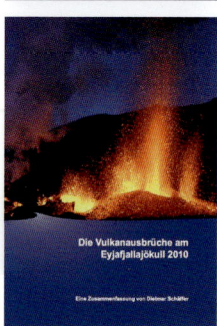

Die Vulkanausbrüche am Eyjafjallajökull (D/E)
60 Seiten, zahlreiche Farbabbildungen
ISBN 978-3-931433-07-9　|　12,80 EUR

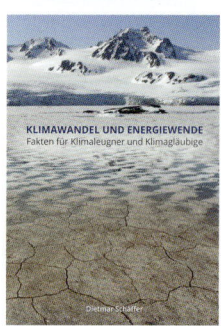

Klimawandel und Energiewende
102 Seiten, 7 Tabellen, 7 Farbabbildungen, 5 Karten, 111 Fotos
Ein Buch für Klimaleugner und Klimagläubige
ISBN 978-3-9821864-1-2　|　14,80 EUR

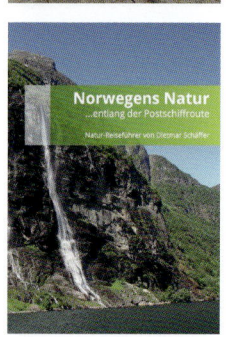

Norwegens Natur entlang der Postschiffroute
Naturführer
108 Seiten, 7 Tabellen, 7 Farbabbildungen, 5 Karten, 111 Fotos
ISBN 978-3-931433-08-6　|　14,80 EUR